普陀相册

70年70个瞬间

中共上海市普陀区委党史研究室◎编

上海人民出版社　学林出版社

编 委 会

前　言

2019年是中华人民共和国成立70周年，也是上海解放和普陀解放70周年。中华人民共和国成立以来，中国共产党团结带领人民迅速医治战争创伤，大力进行社会主义改造和建设，特别是通过改革开放，极大地激发了广大人民群众的创造性，极大地解放和发展了社会生产力，极大地增强了社会发展活力，使得人民生活极大改善、综合国力大大增强、国际地位显著提高，实现了中国人民从站起来、富起来到强起来的伟大飞跃。70年艰辛创业，70年砥砺奋进，70年天翻地覆巨变，70年取得举世瞩目的辉煌成就，正如习近平总书记深刻总结的："无论是在中华民族历史上，还是在世界历史上，这都是一部感天动地的奋斗史诗。"

70年来，在上海市委、市政府的领导下，普陀人民在历届区委、区政府带领下，艰苦创业、共同奋斗，使普陀这片土地发生了沧海桑田的巨变。一个面积仅有2.65平方公里，到处是"滚地龙""草棚"，没有一条像样马路的城郊乡村，发展成了区域面积扩展至55.53平方公里，新城社区绿树成荫、高楼商圈鳞次栉比、地铁高架纵横成网的现代化中心城区；一个以传统纺织、化工业为主的老旧工业城区，蜕变为融科创、金融、商贸为一体的现代服务业集聚区，城市基础设施日趋完善，城区面貌日新月异，人民群众安居乐业，各项社会事业繁荣发展，精神文明建设成果丰硕。现在，普陀区正对标上海当好新时代全国改革开放排头兵、创新发展先行者，加快建设"五个中心"、打响"四大品牌"，加快建设卓越的全球城市和社会主义现代化国际大都市的要求，朝着建设"科创驱动转型实践区、宜居宜创宜业生态区"目标，全力推进高质量发展。

回顾70年普陀区取得的每一项成就，我们深感离不开市委、市政府的正确领导，离不开历届区委、区政府带领全区人民励精图治、接续奋斗所打下的坚实基础，离不开全区广大党员和干部群众同心同德、奋力拼搏，离不开广大老同志、各民主党派、工商联、人民团体和各界人士大力支持、鼎力相助、共同努力。70年来，普陀人民大力发扬普陀人精神，埋头苦干，倾力奉献，创造出了一个又一个上海第一、中国第一，乃至世界第一，实现了自身的发展。

习近平同志指出：“一切向前走，都不能忘记走过的路；走得再远、走到再光辉的未来，也不能忘记走过的过去，不能忘记为什么出发。”为此，中共上海市普陀区委党史研究室按照中共上海市委党史研究室的统一部署和中共普陀区委的要求，组织编纂《普陀相册：70年70个瞬间》一书，以历史发展脉络为主线，撷取普陀70年发展长河中70个具有重要意义的历史瞬间，意在通过具体生动的影像，以小见大，以点带面，以图说史，回顾70年来普陀一路走过的艰难历程和光辉足迹，展现普陀人民“敢教日月换新天”的冲天豪情和精神面貌。历史是最好的教科书，也是最好的“营养剂”，希望本书不仅能够帮助大家重温这一段峥嵘岁月，更能够从重温历史中汲取继续奋发前行的动力，共同创造普陀更加美好、辉煌的未来。

目录

contents

01 普陀区接管委员会成立

◎ 1949 年 7 月 6 日，上海军民联合举行“纪念七七，庆祝解放”大游行

1949年6月3日，普陀区接管委员会成立。

上海解放后，中国人民解放军上海市军事管制委员会在沪西地区按原上海市行政区划分别设立了普陀、江宁两个区接管委员会。1949年5月28日，市军管会任命赵虞为接收国民党普陀区区公所接收专员。当天下午，国民党普陀区区公所区长郑步樨、副区长沙恩溥在玉佛寺将区公所印信上交赵虞专员。6月3日，市军管会正式宣布普陀区接管委员会成立，由赵虞、范国璋、董镇三人组成，赵虞任接管委员会主任，范国璋（驻军代表）、董镇（区公安分局局长）为委员。接管委员会作为全区的最高权力机关，下设秘书室、民政股、文教股、调解股、户政股，直接处理和接收本区的行政事宜。接管委员会办公地点在槟榔路（今安远路）玉佛寺佛学院内。

1949年8月6日，中共上海市委决定在上海市区建立9个区委。9月2日，吴亮平被任命为中共上海市沪西区委书记。1949年9月24日，沪西区委召开第一次全体会议，区委书记吴亮平传达了市委提出的区委基本任务，并根据本区特点，确定了工作方针、重点，即依靠工人阶级，团结贫民、学生及其他小资产阶级，争取联合民族资本家，孤立瓦解敌人，打击首要分子，使广大群众能稳固地在我党领导下，完成党的各项工作。1950年6月，中共上海市委决定，以行政区为区域重新调整区委，中共普陀区委成立。

克服困难，维持与恢复生产

链接一

沪西地区是中国现代工业的重要发祥地，聚集有众多民族工商企业，是上海民族工业的摇篮。人民政府从国民党手中接收旧上海，面临着严峻的政治、经济形势。能否迅速恢复生产，这是关系到能否冲破敌人的封锁和轰炸、尽快医治战争创伤、巩固新生人民政权的大事。根据中央的正确决策，上海接管工作吸取了接管沈阳、北平、天津等大城市的成功经验，贯彻了“按照系统，整套接收，调查研究，逐渐改造”方针。沪西地区作为工业重地，积极响应中央的政策。沪西地区的私营纱厂很快恢复了生产，加上正确执行了党的“劳资两利”政策，工人工资问题得到顺利解决，工人满意，情绪稳定，生产积极性不断提高，纱锭数和生产率均超过解放前水平。

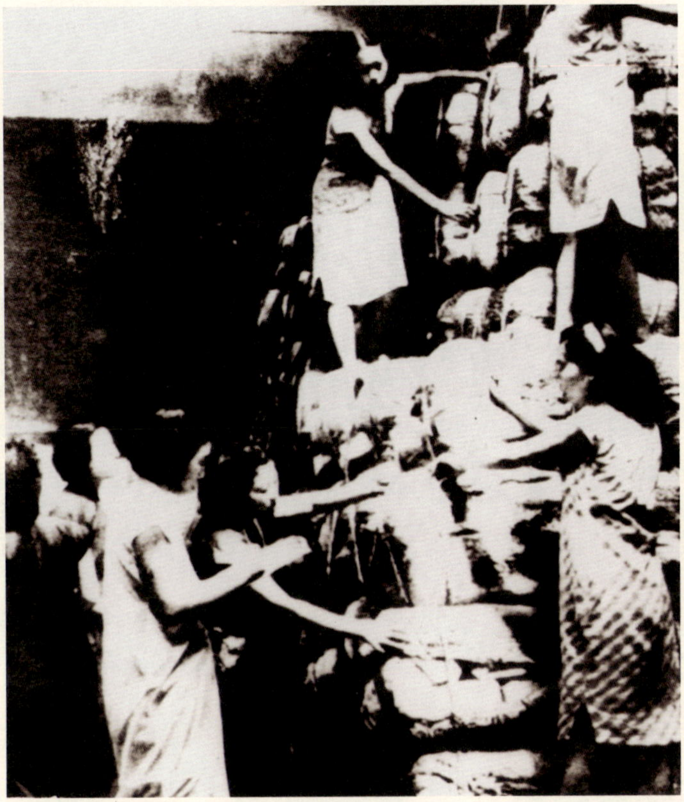

◎ 工人清点物资，协助人民政府接管

解放初期，全区棉纺织业在全市棉纺织业中占有很大的比重，其中纱锭数占 42.8%，织机数占 40.9%。面粉业生产能力占全市面粉业的 80%。全区 9.27 万职工中，纺织业职工有 6.64 万人。政府接管了 13 家官僚资本企业，建立起第一批社会主义工业企业。在上海市委、市政府和区委、区政府的正确领导下，刚刚解放的普陀区很快走出了困境，为上海的整体发展作出了重要贡献。

链接二

齐心协力，克服灾情

上海解放之初，灾情严重，难民较多，经济困难。为解决难民问题，上海市军管会政务接管委员会邀请全市公益团体举行会议，决定发动社会公益团体捐助款项救济难民，使他们早日返乡生产。遵照市军管会指示，普陀区进行了捐助救济和疏

◎ 原沪西区委旧址

散难民工作。就在进行这项工作之际，一场大台风加暴雨日夜袭击上海，严重影响居民的正常生活。市军管会非常重视，指示各区接管会立即采取措施抢险救灾。区接管会发动群众，开展抢修倒塌房屋等救灾工作，确保灾民有栖身之所。同时，区委组织干部深入棚户区和苏州河两岸的船民家中访贫问苦，帮助解决困难。由于国家经济困难，虽已发动一些公益单位捐助，但社会救济和疏散难民的经费仍然不足。区接管会立即向区委汇报。区委领导当机立断，决定动员社会力量解决救灾问题。邀请本区大、中型工厂老板来开座谈会，发动他们捐钱，解决社会救济问题。座谈会如期举行，区委书记吴亮平亲自到会。新裕纱厂凌东林带头捐出巨款，申九、统益、安达、达丰、福新等一些大厂老板相继捐出巨款，随后中型厂的老板也纷纷捐款。这样，一次精心组织的社会救济活动得以顺利进行。

02 普陀区第一次扩界

◎ 潘家湾、潭子湾旧貌

1950 年 7 月 27 日，普陀区第一次扩界，从新泾、真如、闸北等区划入苏州河以北、中山北路以南地区共计 4.11 平方公里土地。

1949 年年底，新泾区苏州河以北、中山北路以南及真如区朱家湾、平民村部分（大致为今中山北路以北、石泉路以南、岚皋路以东、光新路以西区域）等工商业地区，划入普陀区。对此，普陀区方面考虑到朱家湾、平民村在中山路以北，“东西均与真如区接界，南面为闸北区现管的潭子湾、潘家湾所割断，犬牙交错，不成整体，于工作不利（特别影响治安），会给予特务、坏蛋在边界线穿插的有利条件”，其在行政管理方面存在一定的困难。因而，提出调整区界的两种方案，供上海市政府参考。第一种方案是将朱家湾、平民村一带划归闸北区管辖；第二种方案则是将闸北区的潭子湾、潘家湾地区一并划归普陀区管辖。同时，普陀区政府请求上海市政府在未有新的决定之前，暂缓办理朱家湾、平民村部分的移交手续。

此后，在市政府相关职能部门牵头下，经普陀、闸北两区协商，决定将闸北区天助桥派出所所辖的北至中山北路，东至沪太路、彭浦河及大洋桥，南至苏州河，西至朱家湾地区，全部划归普陀区，从而避免了单独将真如区朱家湾、平民村地区划入以后出现的犬牙交错局面。这一调整得到了上海市政府的认可。

普陀区第二次扩界

链接一

1956 年，为发展上海工业生产，以及适应城市建设的需要，上海市人民委员会对辖区进行大幅调整，将范围较小的市区各区进行合并，原 20 个区合并调整为 15 个。另一方面，依据“将近郊属于城市性的地区，分别划入邻近之市区管辖”的原则，原有的 9 个郊区也合并调整为 3 个。由于此次行政区划调整幅度前所未有，为保证调整工作的顺利进行，上海市人民委员会规定，自 1956 年 3 月 15 日起，各区一律按照新区划办公，要求各区做好充分的思想动员，“防止可能产生的各种消极情绪和个人主义思想，反对本位主义，并防止不负责任的现象，教育全体工作人员服从组织调整，加强团结，保证调整区划工作严密地、有秩序地顺利进行”。在此次调整中，普陀区积极做好接收工作，接收了真如区真如镇、车站乡、中曹乡、交通乡的一部分，陈渡乡以及曹杨新

◎ 真如寺大殿旧貌

村、甘泉新村与中山北路部分地区；大场区新港（志丹路）以东，沪太路以西，新村路、延长路及夏长浦支河以南，中山北路、交通路以北地区。此后，普陀区与北郊区交界的甘泉中学地区也被划归普陀区管辖。通过此次扩界，普陀从真如、大场两区划入面积共计 4.76 平方公里，全区面积增加至 11.52 平方公里。

链接二

普陀区史上规模最大的一次扩界

改革开放以后，随着普陀区城市建设的不断推进，为便于行政管理与城市发展，普陀区辖域又进行了数次调整。1992 年 7 月，为进一步解决市郊接合部地区的社会治安管理和城市化建设问题，上海市政府决定将嘉定县长征乡、桃浦乡划归普陀区管辖。经普陀区政府与嘉定县政府双方商议，决定从 1992 年 9 月 24 日起，原嘉定县所辖的长征乡、桃浦乡，成建制划归

◎ 长征乡挂牌

普陀区管辖。此次调整是 1949 年以来普陀区的第六次扩界，也是普陀区史上规模最大的一次扩界。其中长征乡面积为 6.4 平方公里，桃浦乡面积为 18.83 平方公里。由此，普陀区辖区面积扩大至 55.11 平方公里。其后虽还有一些边界调整，但都属于微调。例如，20 世纪末有一次因旧区改造而进行的微调。1999 年 3 月，内环线以南最大的棚户简屋“两湾一宅”地块改造，涉及由闸北区管辖的沪宁铁路以南、恒丰路桥以西、苏州河以北地块。经闸北、普陀两区协商，该地块划归普陀区管辖。

普陀区经过数次拓展，先后从邻近的闸北、嘉定、宝山等区县陆续划入规模不等的区域，城区面积由原来的 2.65 平方公里逐渐拓展为如今的 55.53 平方公里。

03 “五一织布工作法”创造人之一：全国劳动模范杨富珍

◎ 杨富珍

1951 年 5 月 1 日，杨富珍参加在北京召开的全国先进生产者代表会议。1953 年，杨富珍被评为全国“青年积极分子”，受到了毛泽东主席和周恩来总理的接见。她连续七次被评为上海市劳动模范和先进工作者，1956 年、1959 年两次被评为全国劳动模范。

杨富珍，1932 年 7 月生，上海南汇人，原国营上海第一棉纺织厂织布挡车工。1951 年，杨富珍被选入全国纺织战线八位技术能手。在参与青岛国棉六厂等技术整顿工作中，她与其他技术能手共同提出了降低用梭量和降低布机断头率的建议，当年 10 月，在天津联合召开的织布工作法会议正式提出，被称为“五一织布工作法”。

作为上海国棉一厂的挡车工，杨富珍每天在家苦练“打结头”基本功，还叫儿子帮她测算打结的速度。自己的徒弟顾根娣左手也能刮盘头，杨富珍就虚心地向她学习。为了让左手得到训练，她吃饭时就用左手拿筷子，做家务也用左手做，慢慢地，左手也可以刮盘头了。她练就了一手绝活，每分钟能打 40 多个结头。为确保织出的每匹布不出次品，将棉纱结头打得小、快、牢。

在她的带领下，织布班组首创“六个巧干、六个仔细”的高产优质操作法，十年如一日优质高产，创造了 89 个月无次布的行业神话。她把自己工作中的心得无私传授给后辈，以她名字命名的“杨富珍小组”连续多年保持“模范集体”的称号。1956 年，她代表上海纺织工人参加了在西安举行的经验交流大会，在全国表演操作法时获得好评。

链接

陆阿狗小组：上海首个响应爱国主义劳动竞赛号召的工人班组

1951 年 1 月，齐齐哈尔市第十五机械厂“马恒昌小组”向全国工人阶级发出开展爱国主义劳动竞赛的倡议。2 月 11 日，上海总工会发出“向‘马恒昌小组’应战与学习”的号召，要求各级工会学习“马恒昌小组”的经验，推动爱国主义劳动竞赛。国营上海第二纺织机械厂弹簧工场陆阿狗等 20 名工人积极响应号召，组成上海最早的应战小组——“陆阿狗小组”，并提出尽量采用国产原料、利用废料、节省材料、保证品质符合检验标准、保证超额完

◎ 陆阿狗介绍振动犁的性能

成 1951 年本组生产任务 10%、老师傅保证要把所有经验教给军属及熟练工人等六项应战条件。应战过程中，“陆阿狗小组”提出合理化建议 15 条，改进工具 11 种，生产效率提高 4 倍多，1951 年全年的生产任务在 8 月 23 日就全部完成。“陆阿狗小组”应战后，带动了上海其他生产小组参加生产竞赛。到 1951 年 5 月底，全市涌现了国棉十六厂徐凤英、上海邮政管理局马志良等 800 多个应战小组。这些小组通过积极改善生产技术、团结工人群众，使生产能力提高了 2 倍、5 倍甚至达到 10 倍，充分表现了上海工人高涨的爱国热情。

04 梅芳里居委会：上海市第一个居民委员会

解放日報　（第一张）　一九五一年六月二日

擴大人民民主

梅芳里舉行代表會

選出十五人成立了里弄居民委員會

發動居民鎮壓反革命解決福利問題

（本報訊）普陀區梅芳里於五月十九日起，召開了為時三天的里弄[illegible]這個會議的召開，是根據上海市人民政府委員會第五次會議關於[illegible]決議，及民政局會淩之局長在這個會議上報告的精神，試行[illegible]生產索性的里弄居民委員會，以便有步驟地擴大人民民主。[illegible]府領導下，慎重地選出了五十三名代表，經過反覆的討論，選出十五個委員，[illegible]民委員會。這一委員會將在全體居民的督促下，協助政府鎮壓反革命及有步驟地解決居民切身的福利問題。

會議又檢討了弄內的具體情況，着重地討論了鎮壓反革命問題，認為爲了進一步協助政府鎮壓反革命，今後必須發動居民檢舉與密告，並嚴密戶口管理，會議對此定出了一些具體辦法。同時，全體代表估計了主客觀的條件，對於居民切身的福利問題，如自來水、清潔衛生等問題，提出很多意見，如自來水龍頭加强管理，以免浪費。這些意見和辦法，將交居民委員會發動羣衆來執行。

三天的會議，充份地發揮了民主。代表們對於過去互助會工作總結報告的自我批評，感到滿意；也對該會過去脫離羣衆的作風，提出批評。這對於今後的里弄居民委員會，有很大的教育作用。代表和當選的委員都說：「以後辦事非和羣衆商量不可。」

◎ 1951 年 6 月 2 日《解放日报》对梅芳里举行居民代表会议的报道

1951 年 6 月 8 日，梅芳里居委会成立。这是上海市建立的第一个居民委员会。居民委员会的建立，标志着基层民主自治正式走上历史舞台，是我国基层社会管理制度的重要转折点，折射出上海社区建设的发展进程，具有十分重要的历史意义。

1950 年 1 月 8 日，安远路锦绣里 3000 多名居民集会控诉仍不悔改的旧甲长勾结敌特势力欺压居民。附近的东京里、梅芳里、石灰窑等居民群众也纷纷起来进行反霸斗争，里弄开始组织“居民互助筹备会”、清洁卫生及冬防小组，废除旧保甲制度。1951 年 4 月，上海市政府召开街道里弄代表会议，决定以冬防服务队为基础，充实其内容，改组为街道里弄居民委员会，选择普陀区梅芳里作为工作试点。选择梅芳里，是因为这里位于国棉一厂斜对面，70% 的居民是工人，政治觉悟高；同时，这里有比较健全的群众组织，有一批热心里弄工作的骨干。5 月 19 日晚上，梅芳里居民代表会议召开，由居民推选出来的 53 名代表胸前佩戴着大红花，在全体居民簇拥下走进会场。会议一连开了三个晚上，代表们讨论得非常热烈，有时还开到第二天深夜两点。经过推选，成立了由 15 名委员组成的居民委员会，下设总务、福利、安全、卫生、文娱五个组。6 月 8 日，经普陀区人民政府批准，上海第一个居民委员会在梅芳里正式挂牌。

05 中华人民共和国第一所师范大学：华东师范大学

◎ 1951 年夏，华东教育部决定在大夏大学和光华大学两所高等院校基础上筹建华东师范大学

1951年夏，中央教育部批准以大夏、光华两所私立大学文理科为基础，调入复旦大学教育系、同济大学动物系和植物系、沪江大学音乐系以及东亚体育专科学校，合并成立华东师范大学，这是中华人民共和国第一所师范大学。

1952年院校调整后，学校共设置10个系，9个专修科，新设立政治教育专修科，原体育系和体育专修科调整至新建的华东体育学院。1953年以后，通过办研究生班，华东师范大学为高等师范院校培养了大批师资，结业的研究生绝大多数具有独立开一门专业课的能力。1972年5月，华东师范大学与上海师范学院、上海半工半读师范学校、上海教育学院、上海体育学院合并，改名为“上海师范大学”。1980年7月，恢复原名。

1996年，华东师范大学被列入“211工程”国家重点建设大学行列。1997年，上海幼儿师范高等专科学校并入华东师范大学。1998年，上海教育学院、上海第二教育学院也相继并入。2002年，根据上海市高校布局结构调整的战略部署，闵行校区规划建设启动。2006年，学校主体搬迁到闵行校区，形成了“一校两区、联动发展”的办学格局。同年，教育部和上海市决定重点共建华东师范大学，学校进入国家“985工程”高校行列。2017年，学校进入世界一流大学A类建设高校行列，全面开启建设中国特色世界一流大学的新征程。

06 上海第一个工人新村：曹杨新村

◎ 曹杨新村建成后，参观的人络绎不绝

1952 年 6 月 25 日，陆阿狗、杨富珍、裔式娟等劳模和大批先进工作者、工人，手捧鲜花，怀揣着市政府颁发的居住证，敲锣打鼓，燃放鞭炮，欢庆乔迁新居——曹杨新村。

上海解放初，国民经济正处于恢复期。尽管财力紧张，资金短缺，市政府还是想方设法筹建住宅，努力改善广大工人阶级的生活。为此，市政府成立了市工人住宅建设委员会，于 1951 年派工作组来普陀区开展居住情况调查，选址建造工人新村，解决沪西地区工人的居住问题。

1951 年 9 月，首期工程动工。经过八个月的紧张施工，1952 年 5 月，首期工程胜利竣工。因地处曹杨路附近，该新村定名为“曹杨新村”，首期竣工的即现在的曹杨一村，是上海市人民政府为工人兴建的第一个工人新村。曹杨一村共有砖木结构二层楼房 48 幢，167 单元，建筑面积 32366 平方米，可容纳 1002 户居民。房屋建筑美观实用，三户合用灶间，每层有两只抽水马桶，楼上为木质地板。

曹杨新村各项配套设施齐全，商业服务网点遍布大街小巷，中小学、幼儿园、托儿所以及医院、文化馆、电影院等文教卫生设施一应俱全。新村道路四通八达，交通十分方便。曹杨新村在建房的同时就开展绿化工作。新村落成后，成为全市第一个全面绿化的新村，也是全市最早对外开放、接待外宾的新村。

甘泉新村「二万户」

链接一

1953 年 7 月，甘泉新村（俗称“二万户”）落成。甘泉新村位于普陀区东北部，它的最初范围位于双山路以东、子长路以西、新村路以南、延长路以北地块。为改善人民居住条件，1951 年由华东纺织局等单位征用，于 1952 年作为全市统筹兴建的“二万户”型工房第五号基地，1953 年 7 月落成。以横贯新村中部的甘泉路取名，命名为“甘泉一村 / 二村 / 三村”（全称“甘泉新村”）。住宅总面积 30 万平方米，同时辟筑沟通新村的道路。建有砖木结构二层楼房 400 个单元、4000 户。后由市第一印染厂等单位又建造同类型房 13 个单元、130 户，共用地 25.64 万平方米，总建筑面积 11.36 万平方米（包括小公建用地），居住面积为 7.1 万平方米。同时，新村建有配套齐全的商业网点和中、小学

◎ 甘泉新村“二万户”

校，辟有草坪、苗圃等。20 世纪 70 年代后，附近原有村落和农田被陆续征用，建成三至六层楼的住宅。随着城市人口增加，政府对原“二万户”住房进行了增加面积的改造，主要是前面全部加贴一块，每户居民增加 9.5 平方米的居住面积，甘泉二村有 43 幢房在东西山墙接上一间，甘泉三村部分加为三层楼房，并将厕所、厨房改为分层设置。1989 年，普陀区市政开发公司在双山路规划建造的住宅 7.6 万平方米被定为甘泉四村。1987 年，北块住宅基地被定为甘泉五村、六村。

宜川工人新村

链接二

1953 年初，在赵家花园一带兴建一批以三层楼房为主的砖木结构住宅，命名为“宜川新村”。宜川新村，位于普陀区东部，原为农田、花地，间有赵家公园前后浜、谈家门、南赵宅、新建村、朱港等。1953 年起，先后在此建造砖木结构三层楼住宅一、二、三、四村。1979 年起，又将谈家门及部分赵家花园前后浜拆除兴建五村，将朱港拆除兴建六村。续建以五层楼住宅为主，亦有部分为六七层。

◎ 宜川工人新村

原三层楼住宅也逐步加至五层。新村住宅总建筑面积约 52.16 万平方米。各项公建配套设施齐全，宜川路南段商店集中。原赵家花园老宅基改辟为宜川公园。1953 年建成的以三层为主；1970 年后续建部分以五层为主，亦有部分为六七层；1987 年又建十二层高层住宅楼 3 幢、十三层 1 幢。截至 20 世纪 80 年代末，合计共建住宅楼 412 幢，建筑总面积达 101.5 万平方米。建房用地有征用荒地农田而建，有动迁拆除旧宅而建。建房单位和产权性质主要有几种情形：国家公建，产权属国家所有；单位独建和联建，产权属建房单位；若干单位与居民联建，居民旧房折价或贴出部分造价所分之房，产权属居民私有。

07 李子园农业生产合作社成立

◎ 李子园

1952年冬，李子园农业生产合作社成立。合作社成立后，大家白天苦干，夜晚在社员家里开会商讨合作社发展问题。合作社勤俭节约，例如将草、菜、叶子等天然种植物腐烂发酵形成“天然肥”。这种肥料不仅肥效长，而且绿色、天然。所以市场的反应就是“李子园的菜好”！这对合作社来说，既节约了开支、降低了成本，又增加了产量，还扩大了影响。逐渐，合作社不断扩大，从初级农业合作社，到后来的高级农业合作社。李子园农民开始富裕起来。真如区委将李子园事迹撰写成总结报告《真如区李子园农业生产合作社节约生产费用的经验》上报中央，被中央办公厅编入《中国农村的社会主义高潮》一书。

1963年，李子园大队被评为1962年度上海市农业生产先进集体。到了20世纪80年代，李子园实现了经济总量的两到三年翻一番，农民人均收入一直处于桃浦镇首位。进入90年代的李子园更是风风火火。为引进先进的外资企业，李子园村喊出了“服务是第一资源”的口号，以服务求发展。“以鸟引鸟、筑巢引鸟”，李子园在发展中调整思路，通过“腾笼换鸟”的方法，对原有的企业进行更新换代，提出“发展就是更好的节约”的新思路。1995年，李子园被评为全国模范先进村民委员会、上海市年度模范集体。自1998年以来，李子园村连续九次被评为上海市文明村。2009年，李子园被评为上海市劳模集体。

链接

李子园村完成村级集体产权制度改革

2018年6月28日，李子园村召开村级经济合作社第一届成员代表会议第一次会议暨经济合作社成立大会，表决通过经济合作社章程，选举产生第一届经济合作社理事会理事和理事长、监事会监事和监事长，李子园村村级集体产权制度改革工作顺利完成。村级集体产权制度改革，是新形势下促进集体经济发展、实现成员持续增收、维护农村基层稳定的重大举措。为推动产权制度改革顺利进行，在桃浦镇党委、政府领导下，李子园村两委讨论成立了改革工作领导小组，制定了改革工作方案，组织召开村民

◎ 李子园村完成村级集体产权制度改革

代表大会，讨论表决通过相关工作方案、决议，酝酿推选合作社理事会、监事会成员候选人，审议合作社章程，确保了改革工作的顺利完成。

08 长寿路桥

◎ 1953 年建成的长寿路桥

1953 年 9 月 28 日，在普济路桥上游约 600 米处，东接天目西路、西连长寿路的长寿路桥建成通车，成为 1949 年后苏州河上建成的第一座大型混凝土桥梁，也是苏州河闸口上游方向的第 14 座桥梁。

苏州河西面的沪西工业区建有工厂 1000 多家，苏州河东面闸北地区多为工人住宅，每天渡船往返者达 5 万余人，极为不便。20 世纪 50 年代初，上海市政府工务局几经勘查，决定投资建造贯通东西的永久性桥梁——长寿路桥。该桥由市工务局设计，1951 年 5 月正式开工建设。经过两年多时间施工，长寿路桥顺利竣工。建成后的长寿路桥长 101.4 米，宽 20.1 米，其中车行道宽 14.5 米，两侧人行道各宽 2.8 米。

长寿路桥处于苏州河由西南方向转折为东南方向流动的湾口，因此，其走向不同于下游绝大部分桥梁南北走向的特点，为东西走向。作为上海东西向交通主干道（周家嘴路—海宁路—天目西路—长寿路）的一个重要节点，为沟通市区北部交通发挥了积极作用。

随着城市发展，长寿路桥的车行道作为城市主干道，其通运量出现瓶颈，尤其是旅客吞吐量甚大的上海火车站迁址到天目西路，大桥道路交通拥堵成为常事。1997 年，普陀区政府在对长寿路进行拓宽的同时，在原桥南北两侧各建一座新桥。三桥合一后的新长寿路桥，终于消除了干道交通拥堵的瓶颈。

链接一

中西合璧的景观桥：武宁路桥

武宁路桥作为连接普陀区苏州河南北两岸的要道，1956 年 6 月 30 日建成通车。1966 年进行改建，采用双曲拱梁，桥面得到拓宽。

随着市区交通流量的增加和沪宁高速公路的建成，原有桥梁的通行能力不堪重负，成为该地区的交通瓶颈。市人大代表、政协委员多次提案，要求尽快拓宽改建该桥。在市、区两级政府的努力下，武宁路桥于 2001 年 12 月完成了改建。武宁路桥改建工程南起长寿路，北至东新路，实施范围为 960 米，其中跨越苏州河段的桥梁部分为新建三跨钢结构箱形截面连续梁，跨径分别为 28 米、47 米和 28 米。大桥宽 39 米，设六快二慢共八车道及人行道，下部结构利用老的桥墩。

◎ 2001 年拓宽的武宁路桥

为迎接世博会，2008 年又对整个桥体进行“中西合璧”的景观整治，使武宁路桥成为苏州河上最具个性的观赏性景观桥。大桥四座立柱采用艾奥尼克式风格，高达 27 米的桥头堡使整座桥梁从周围环境中脱颖而出。桥头堡顶部用铜浇注，表面贴金雕塑分别代表孕育、萌芽、成长、希望，体现武宁路桥这个交通枢纽像伟大母亲一样，带给人们和谐、甜美、宁静的气息。

链接二

几经改建的江宁路桥

戈登路（今江宁路）苏州河北岸的中央造币厂，因水上运输不便，屡请架桥。上海市工务局于 1929 年就新建五孔木桥，命名为“造币厂桥”，俗称“洋钿厂桥”。后因年久失修，木桥朽损，车辆经过，桥身摇动。1949 年 4 月，在老桥西首约 20 米处重建木质排架简支梁桥，改名“江宁路桥”。翌年拆除旧桥。因木桥无人行道，人车混杂难以保证安全。1953 年，在木桥一侧加宽 2.13 米作为人行道，并进行加固修理。木质结构不能适应日益繁忙的交通运输需要，1968 年，由上海市政工程设计院设计，上海市政工程公司施工，建

◎ 江宁路桥新貌

造钢筋混凝土桥梁。1969 年 4 月竣工后，拆去木桥。

江宁路桥于 2011 年 12 月 2 日 23 点起封闭，实施第三次改建。受区域条件限制，改建工程确定为原址的原拆原建。2012 年 12 月 22 日，新桥建成并开放通车。新桥主桥宽 22 米，在原二车道的基础上，新增一条车道，作为可变潮汐式车道，可根据早晚高峰调整走向分流交通压力。新桥不仅桥梁结构安全性得到极大的提高，桥面及周边景观环境也焕然一新。

09 上海市棚户地区第一个公园：普陀公园

◎ 普陀公园

1954年1月1日，上海市棚户地区第一个公园——普陀公园建成开放。普陀公园坐落于光复西路255号，轻轨明珠线（原沪杭铁路）以南，光复西路以北，总面积14000平方米，绿地面积11475平方米，水体面积560平方米，是人们游园、休闲、健身和弘扬群众文化的重要场所。

普陀公园原址为农田、坟地和棚户。1952年11、12月间，市工务局和市房地产管理局决定在此辟建公园，让周边居民有一个休憩娱乐之所。建园工程由市工务局园场管理处柳绿华负责总体规划和绿化设计，由该处绿化施工队于1953年初动工兴建。普陀公园先后于1974年、1984年进行两次较大规模的整修和改建。1991年，公园因合流污水工程施工闭园。1994年12月，改建后的普陀公园再次对外开放。新园扩大了绿化面积，健身园布置了象形滑梯、跷跷板、秋千、脚踏滚筒水车、单杠、独木桥、梅花桩等小型游艺设施，还有碰碰车、小火车、电马等项目。1998年，普陀公园被评为上海市“达标公园”。2002年，公园进行第二次闭园改造，拆除了游艺设施，在公园东北角堆就土山，搭建西洋式观景亭，以四季碧绿的宽阔大草坪、清澈灵动的水池为中心，配合从观景亭为源头奔流而下的溪流，形成动感中心水景。2003年元旦，普陀公园完成改造并免费开放。2005年，普陀公园荣获上海市“文明公园”称号。2006年，普陀公园获得上海市“三星级公园”称号。

链接一

上海中心城区最大的山水公园：长风公园

长风公园园址原是吴淞江古河道中的西老河河湾地带。1956年初，市政府决定征用这块滩地辟建公园。公园在筹建时名“沪西公园”。1958年局部开放时，改名“碧萝湖公园”。在1959年国庆节全园开放。时任中共上海市委书记处书记魏文伯取《宋书·宗悫传》中“愿乘长风破万里浪”之意，将园名改为“长风公园”，又取毛泽东七律诗《送瘟神》中“天连五岭银锄落，地动三河铁臂摇”的诗句，把公园内人工湖命名为“银锄湖”，大土山命名为“铁臂山”。

长风公园面积36.36万平方米，绿地面积10.22万平方米，水体面积14.09万平

◎ 长风公园建设中的铁臂山

方米，是上海市中心城区最大的综合性山水公园，也是普陀区最大的公园。公园继承了我国传统园林艺术，借鉴北京颐和园风格和杭州、苏州园林的造景手法，以湖景为主，山水结合，浩瀚的湖面和30米高的铁臂山为当时市区最大的人工湖和最高的人造山，构成了全园独特的景观。湖畔山侧，供人休憩的亭、榭、廊古朴轻盈，在湖面烟波中影影绰绰，“铁臂石景”“银锄碧波”“青枫绿洲”“夕阳晚照”等20余处园林景点姿态万千。划船是长风公园的特色游乐活动。1999年建成的长风大洋海底世界，是国内首家大型主题性水族馆，也是全国青少年科普教育基地之一。2002年8月，长风海洋世界增设的海洋科普仿真动感影院开张。2003年年底，推出动感模拟潜艇、白鲸表演馆、三维电影院等一系列项目设施。

工人新村的乐园：曹杨公园

链接二

曹杨公园位于普陀区枫桥路50号，东临梅岭北路，南临曹杨四村，西侧以风景环浜为界，占地2.26万平方米，原系界浜和虬江的河汊地。根据曹杨新村总体规划，1952年开始征地；1953年，以一座小型私人苗圃为中心，与在建曹杨一村同步筹建公园；1954年5月落成开放。曹杨公园以南北草坪及水池为主形成三个景区，进入正门是北草坪，西侧是一片悬铃木林荫，长廊四周花灌木成片，夏季绿荫蔽日，是游人纳凉、弈棋、谈笑之佳处。南草坪占地2000余平方米，绿草如茵，视域辽阔。东北侧琉璃瓦六角亭掩映在树丛中，颇为幽静。东南侧是大型紫藤廊架，如今已成为唯一保留下来的建园初期的建筑小品。粗壮的紫藤盘根错节，枝叶生长茂盛，浑厚质朴。2018年通过改造，曹杨公园增设休憩场所，提升服务设施，完善公园游览体系，同时沟通了园内水池与曹杨环浜水系，丰富了水景效果。

◎ 刚建成的曹杨公园

10 申新九厂公私合营

◎ 挂公私合营申新九厂厂牌

1955年10月8日，上海申新纺织第九厂隆重举行公私合营庆祝大会。全厂职工欢欣鼓舞，敲锣打鼓，燃放鞭炮，厂长吴中一、第一副厂长杨锐和老工人沈阿二将崭新的“公私合营上海申新纺织第九厂”厂牌悬挂在工厂大门口。从此，申新九厂走上了公私合营社会主义道路。

申新九厂的前身是上海机器织布局，创办于1878年，是中国第一家机器棉纺织厂。上海解放初，申新九厂面临着资金不足、原料紧缺等问题，又遭“二六”轰炸，造成人心不够稳定。对此，申新九厂在普陀区委领导和关心下，职工团结资方，同心协力克服困难，进而积极贯彻对资本主义工商业利用、限制、改造的政策。人民政府帮助申新九厂申请银行贷款，实行棉花联购、配给，签订委托加工、代纺代织合同，实行“四马分肥”分配方法，使企业扭亏为盈。与此同时，市委、区委抽调力量，“派员”(督导员)进厂，加强对私营企业的领导。

1955年8月11日，上海市政府正式接受上海申新总管理处关于公私合营的申请。12日，华东纺织管理局宣布申新九厂公股代表名单。华东纺织管理局要求在9月底前，做好工厂公私合营前的准备工作，主要有两项内容：一是清产定股，二是人事安排。同年10月8日，申新九厂隆重举行公私合营庆祝大会。1956年1月10日，毛泽东主席由陈毅陪同来申新九厂视察。公私合营后，申新九厂解放生产力，激发了全厂职工的积极性。

链接

沪西工业区原有企业的接管与改造

上海在解放后对沪西工业区原有企业的接管与改造是国营经济奠基的重要一环。经过接管与社会主义改造，原有的企业全部纳入社会主义轨道，普陀区进入社会主义建设时期。

官僚资本企业的接管由上海市军事管制委员会直接执行。解放前，沪西工业区内官僚资本企业虽只有13家，但规模较大，这些企业主要是在抗战胜利后由国民党政府接收的日伪企业，其中仅中国纺织建设公司拥有的企业就有10家，纺锭数量占到全市官僚资本纺锭数的52%。这些被接管的官僚资本企业直接成为社会主义国营企业和国营经济的重要组成部分。

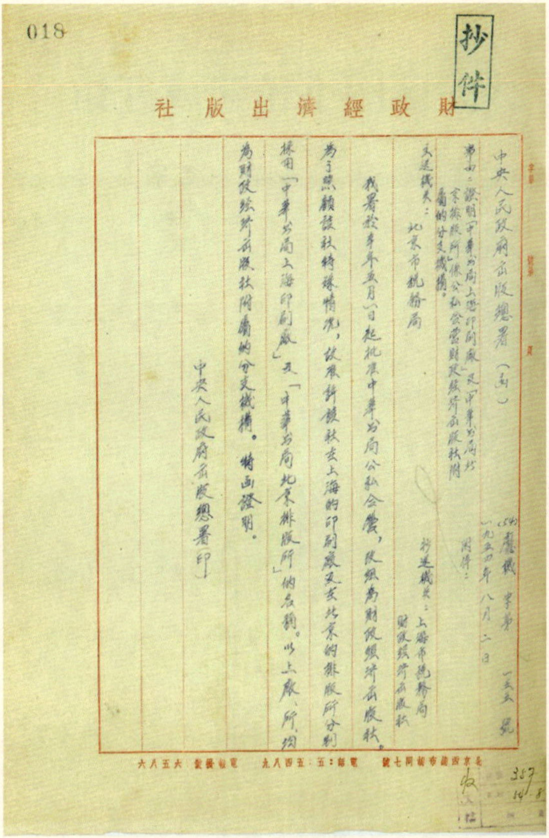

◎ 中华书局实行公私合营的相关文件

解放前夕，沪西工业区内共有 840 家私营民族工业。其中，棉纺织业占全市纱锭数比重为 42.8%，织机数为 40.9%；面粉业生产能力占全市 80%。如此数量多、规模大的私营企业，经历了调整恢复、产业结构调整、计划管理、公私合营几个阶段，最终于 1956 年全部走上了社会主义道路。

1955 年，普陀区手工业 75 个行业 3 人以下企业共 3011 户，从业人数 5415 人，全年总产值 898.7 万余元。根据对手工业社会主义改造的原则，参加生产从业人员 3 人以下的走合作化道路，从业人员 4 人以上的走公私合营道路。1956 年至 1957 年，实行合作化的有 1217 户、2195 人，占从业人员总数的 40.54%；合并合营的 1794 户、3220 人，占从业人员总数的 59.46%。经过改造，全区共有合作社（组）58 个、3117 人，其中合作社 40 个、2834 人按行业归口管理。

11 普陀区图书馆建成开馆

◎ 普陀区图书馆

1957 年 1 月 1 日，普陀区图书馆建成开馆，馆址西康路 1072 号（旧书场“明月楼”楼上）。同年 6 月 1 日，普陀区图书馆利用上午不向成人开放时间兼作少儿图书阅览室。1958 年，少儿图书阅览室迁至长寿路 383 号。1959 年 5 月，澳门路 498 号原工人俱乐部图书馆划归普陀区图书馆，不久在这里成立了少儿分馆。1966 年 10 月，普陀区图书馆全部迁入江宁路 1005 号玉佛寺内东侧，面积 600 平方米。当时，有藏书 10 万多册，设综合阅览室，座位 130 个，订阅报纸杂志 171 种，工作人员 17 名。1970 年 6 月 28 日，普陀区图书馆与沪西工人俱乐部、普陀区文化馆、普陀区科技协会合并，总称普陀区文化宫。1987 年，普陀区图书馆新馆工程被列入当年上海市十五件实事之一。同年 11 月，新馆舍建成，坐落于曹杨路 510 号，主楼 9 层，建筑面积 4517 平方米。12 月 21 日，举行开馆典礼。时任上海市市长江泽民特为新馆题词：“公共图书馆是人民的终身学校。” 1988 年 5 月，新馆正式对外开放。

2010 年搬迁至真如城市副中心的新馆，为国家一级图书馆。新馆总建筑面积约为 3.5 万平方米，设计藏书量 80 万册，定位为区域文献信息服务中心、社会文化教育中心、公共图书馆服务协调中心和市民文化休闲活动中心，是集文献借阅、信息咨询、培训教育、学术研究于一体的综合性现代化图书馆。普陀区图书馆是全国首家公共图书馆服务标准化试点单位，可提供多种数据库查询，实行借阅一体化服务，并创建了全市首个上海当代作家作品手稿收藏展示馆，设有青少年智能图书馆和玩具图书馆等特色部门。

链接一

普陀区少年儿童图书馆建成

上海市普陀区少年儿童图书馆位于延长西路 400 号，占地面积 2646 平方米，建筑面积 1567 平方米。该馆于 1987 年 10 月建成，1988 年 6 月对外开馆服务，为全国一级图书馆、上海市第一家独立建制的少年儿童图书馆。区少儿图书馆设有数字图书馆以及分别开设学龄前儿童、小学生、中学生图书借阅室和报刊阅览室、电子文献阅览室、多功能活动室、讲演厅、教育培训室、馆外图书服务点等服务窗口，拥有阅览座位 330 个。实行免费办证、全开架借阅一体化服务和全年无休开放。常年开展教育培训、读书分享、讲座报告、比赛演出、影视观摩、展览、志愿者服务等多种文化活动。区少儿图

◎ 普陀区少年儿童图书馆

书馆每年开展形式多样、内容丰富的少儿阅读推广活动，包括“冬冬乐”少儿系列读书活动、暑期读书月活动两大品牌项目。在每年的寒暑假开展包括比赛类、作品类、微评征集、手工制作等文化活动。在学雷锋日、世界读书日、六一儿童节、国际志愿者日等组织开展主题活动。区少儿图书馆面向公众开设公益培训班，举办“向日葵故事会”童书讲读活动。丰富的活动满足各年龄层少年儿童的课余文化生活需求。

链接二

国内第一家省级中心图书馆基层服务点：甘泉路街道图书馆

甘泉路街道图书馆始创于 1982 年，改建于 2005 年。它坐落在全国文明小区内，总面积约 506 平方米，馆内藏书 8 万余册，设有成人外借区、阅读区、读者区、少儿外借区、特色专架区等 12 个区域，可同时容纳 120 余人。馆内设有无线网络系统，供广大读者使用，可上网查询资料、阅读电子读物。甘泉路街道图书馆 2005 年被列为全国文化信息资源共享工程上海分中心；同年 10 月，成为

◎ 甘泉路街道图书馆开展“垃圾分类，从娃娃开始”体验活动

上海市中心图书馆“远程互联”两个试点单位之一，并以“一卡通”的形式，分享全市公共图书馆的公益性服务项目。甘泉路街道图书馆先后被上海市文化广播影视管理局评定为“上海市街道（镇）特级馆、优秀馆”、上海市“巾帼文明岗”、“青少年维权岗”、普陀区“工人先锋号”、青少年实践基地、市民修身基地，尤其是在深化公共图书馆行业规范服务达标系列活动中，积极贯彻“一视同仁，耐心细致，及时快捷，想方设法”的服务承诺。甘泉路街道图书馆为社区居民提供一流、时尚的读书环境，让社区居民在“身边的图书馆”享受了一流的文化环境和优质服务，为创建甘泉社区“同心家园”贡献力量。

12 普陀医院建院

© 1957 年 12 月 1 日，普陀医院在曹杨新村落成

1957 年 12 月 1 日，作为曹杨新村的配套设施，普陀医院竣工启用，市、区领导以及社会各界人士参加了隆重而又简朴的开院典礼。普陀医院的开院，结束了苏州河以北没有一家医疗机构的历史，为 40.8 万居民提供了便捷的医疗服务。

然而，建院之初的条件极为艰苦。来自全市 60 多个医疗卫生单位的医务工作者和医学院校的毕业生，怀揣理想赤诚，建筚路蓝缕开创之功，行悬壶济世医者之道，以仁心仁术竭诚服务广大人民群众，为医院发展奠定了宝贵基础。1963 年，普陀医院改名为“普陀区中心医院”。

建院 62 年来，在普陀区历届区委、区政府的正确领导，社会各界的大力支持和一代又一代医务职工的不懈努力下，普陀区中心医院发生了沧桑巨变。员工队伍从 220 人壮大到 1960 人，病床数从 150 张增加到 1050 张，年门急诊量从 18 万人次增加到最多超过 200 万人次，建筑面积从 6985 平方米增加到 10 万余平方米，固定资产从 50.3 万元增加到 8.76 亿元。不仅医院建筑、医疗环境、医疗装备彻底更新，而且医教研防和学科人才建设等各个方面都取得巨大发展成果。医院从二级乙等医院晋级为三级乙等医院；相继成为上海市第六人民医院医疗集团成员单位、上海中医药大学附属医院、安徽医科大学临床学院和成都中医药大学教学基地。连续三届荣膺全国文明单位，连续十三届荣膺上海市文明单位；获得了全国五一劳动奖状、全国三八红旗单位、全国和上海市卫生系统先进集体等一系列殊荣。普陀区中心医院已经成为一所具有中西结合特色的区域性医疗中心。

链接

上海市纱厂联合医院开诊

1951 年 2 月，为贯彻中央颁布的《中华人民共和国劳动保险条例》精神，落实上海棉纺织业工人及家属享受劳动保险条例规定的待遇，上海棉纺织业同业会常委会决定在沪东、沪西筹建两所医院。6 月，纱厂同业会成立了纱厂联合医院董事会，由郭棣活、刘靖基、吴中一、何致广、胡铭山等 19 人组成，郭棣活任董事长。经多次调研，最终选址上海市江宁路 1017 号为沪西建院地址。医院占地面积 5 亩 6 分，实用面积 3180 平方米，定名为“上海市纱厂联合医院”，性质为私立，由胡铭山任院长。医院于 1952

◎ 上海市纱厂联合医院旧址

年 7 月 1 日正式开业，门诊设内科、外科、儿科、妇产科、眼科、耳鼻喉科、牙科，病房设内科、外科、妇科床位 85 张，初步具备综合性医院的医疗条件。当年 8 月，医院更名为“上海市纱厂医院”。

1956 年 3 月 7 日，医院从私立改为公立，除担负公费劳保医疗外，还向社会开放。隶属关系改变了，但院名一直未作相应更改，“纱厂医院”与“纺织医院”名称相仿，相距又很近，病人就诊及家属探望经常跑错。经上海市卫生局批准，医院于 1965 年 6 月 9 日更名为“上海市普陀区利群医院”，并于 7 月 1 日正式启用，沿用至今。

如今，利群医院已经发展成为拥有核定床位 500 张、职工 756 人、大型医疗设备齐全、医教研全面发展的一所二级甲等综合医院，并成为两所高校的教学医院。在上海市“十三五”规划中，被纳入全市 58 个医疗服务圈，承担区域医疗中心的重要责任。

13 成功试制中国第一根无缝钢管

◎ 永鑫无缝钢管厂潘阿耀试制组在进行试验

1958年3月8日，永鑫五金制造厂（后改名为"永鑫无缝钢管厂"）试制出中国第一根无缝钢管。周恩来总理在视察该厂后，赞誉它是"草窝里飞出了金凤凰"。

这家工厂厂房简陋，设备陈旧。工人百来人，半数以上刚从手工业、商业转业过来，并且没有一个工程师。1957年，由于生产无缝钢管的主要机器——穿孔机的顶头耐热问题没有解决，该厂生产一直处于时停时续状态，生产指标月月完不成。厂领导请教了上海市乃至全国的专家，还是不能解决这个问题。这时，该厂工人、中国第一根无缝铜管的研制者潘阿耀提出了挖洞通水使顶头冷却的革新建议。在厂党支部和其他工人的支持下，潘阿耀以水壶烧水不熔化和顶杆通水不变形的原理，开始用普通耐热钢管试制"水循环冷却热穿孔顶"。试验于1958年初获得成功，第一根无缝钢管也随之试制成功。

1958年3月15日，《解放日报》刊登通讯《永鑫五金制造厂大翻身》，报道了永鑫厂潘阿耀的事迹，称"质量还超过了英国雷诺厂同类产品"。一个简陋小厂，用"老爷"机器制造出了优质的无缝钢管，轰动了全国。冶金工业部黑色冶金设计院总结了他的经验，并以此为蓝本，制造了一套设备，并在全国推广。上海永鑫五金制造厂被评为上海工业战线的"八面红旗"之一。

1960年以后，潘阿耀等人勇于探索，悉心研制，首创我国第一批70多种异型钢管，并连续生产320种规格品种的异型钢管，为我国社会主义建设作出了卓越贡献。

成功试制第一支活性染料

链接

1958年1月11日，我国第一支活性染料——活性红光黄合成。染料小样送到上海市染料公司中心实验室，鉴定结果："染料具有活性，与英国普施安牌黄RS的性能极相似。"上海丝绸工业公司应用试验结论："染色鲜艳异常，性能优良，与国外活性染料相似。"1958年3月23日，《解放日报》头版重要位置发表《我染料工业跃入新阶段》，报道了世界染料工业最新的技术成就——活性染料，已经在本市公私合营润华染料厂（上海染料化工八厂）试制成功，这是我国染料化工工业踏入新阶段的里程碑。同年6月6日，《解放日报》头版又刊登《我国活性染料超过英国——短短数月时

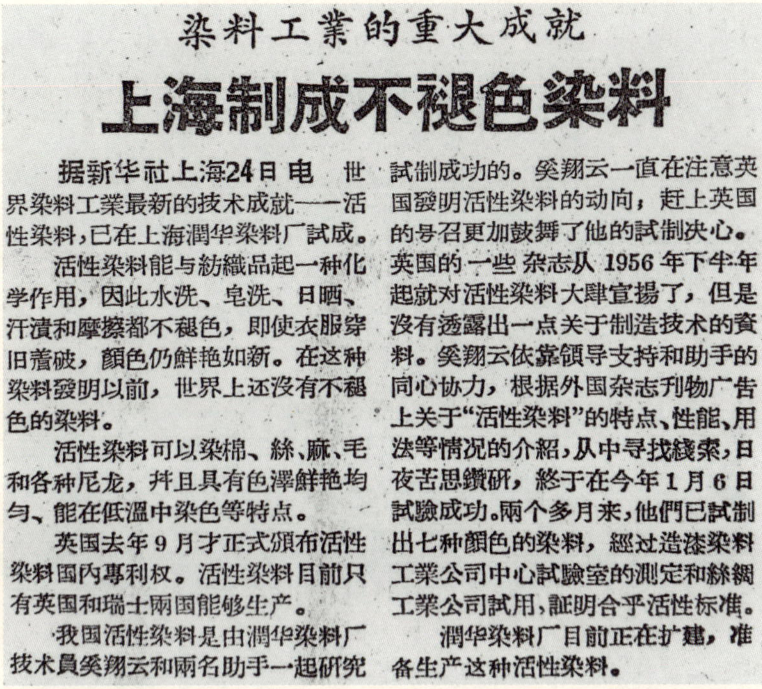

染料工業的重大成就

上海制成不褪色染料

据新华社上海24日电 世界染料工業最新的技术成就——活性染料，已在上海潤华染料厂試成。

活性染料能与紡織品起一种化学作用，因此水洗、皂洗、日晒、汗漬和摩擦都不褪色，即使衣服穿旧着破，顏色仍鮮艳如新。在这种染料發明以前，世界上还沒有不褪色的染料。

活性染料可以染棉、絲、麻、毛和各种尼龙，并且具有色澤鮮艳均匀、能在低溫中染色等特点。

英国去年9月才正式頒布活性染料国內專利权。活性染料目前只有英国和瑞士兩国能够生产。

我国活性染料是由潤华染料厂技术員奚翔云和兩名助手一起研究試制成功的。奚翔云一直在注意英国發明活性染料的动向；赶上英国的号召更加鼓舞了他的試制决心。英国的一些杂志从1956年下半年起就对活性染料大肆宣揚了，但是沒有透露出一点关于制造技术的資料。奚翔云依靠領导支持和助手的同心协力，根据外国杂志刊物广告上关于“活性染料”的特点、性能、用法等情况的介紹，从中寻找綫索，日夜苦思鑽研，終于在今年1月6日試驗成功。兩个多月来，他們已試制出七种顏色的染料，經过造漆染料工業公司中心試驗室的測定和絲綢工業公司試用，証明合乎活性标准。

潤华染料厂目前正在扩建，准备生产这种活性染料。

◎ 1958年3月25日，《人民日报》登载上海制成不褪色染料的报道

间跃登世界最新染料技术高峰》一文，称赞上海各化工厂活性染料的理论研究、应用问题、制造方法和质量水平与英国不相上下。攻克里程碑式难题的是普陀区两位青年技术人员：25岁的奚翔云和32岁的陆锦林，他们分别毕业于沪江大学和交通大学化学系。活性染料的试制成功，填补了国内空白。它的问世，既为国内印染行业提供了崭新的染料品种，又为国家节约了大量外汇，有力地支援了国家的经济建设，使我国成为继英国、瑞士、德国之后能独立自主地制造活性染料的国家，步入世界先进行列。

14 顾正红烈士塑像落成

◎ 顾正红纪念馆

1959年5月，在顾正红烈士殉难处，建起一座左手握拳、右手执棒、神情凛然的顾正红塑像。后来，这里又立起一块黑色石碑，石碑上有“顾正红烈士殉难处”几个烫金大字。1989年，顾正红烈士殉难处被公布为普陀区第一批革命纪念地并挂牌。

顾正红（1905—1925），江苏阜宁人，是中国工人运动的先锋战士。1925年5月，中国共产党党员顾正红，为维护工人群众的利益，在与日本资本家的斗争中挺身而出，英勇奋战，最后壮烈牺牲。上海群众游行示威，抗议日本纱厂资本家枪杀顾正红的罪恶行径，从而引发了轰轰烈烈的“五卅”反帝爱国运动。

2008年5月30日五卅运动83周年纪念日，顾正红纪念馆在顾正红烈士殉难处原址澳门路300号建成开放。顾正红纪念馆自建成开馆以来，坚持“褒扬烈士 、教育群众”的办馆理念，在做好免费开放的前提下，与烈士家乡开展精神文明共建、召开纪念五卅运动座谈会等一系列主题活动，取得了良好的社会效益。2009年12月，顾正红纪念馆被上海市人民政府命名为“上海市爱国主义教育基地”。为了更好地继承先烈的革命传统，弘扬爱国主义精神，顾正红纪念馆网站于2011年5月30日正式开通。

链接一

淞沪抗战十九路军军部遗址

淞沪抗战十九路军军部遗址在桃浦路127号车站新村，占地483平方米，四周是枝叶浓密的高大树木，中央竖着普陀区人民政府于1989年9月设立的“淞沪抗战十九路军军部遗址”纪念碑。纪念碑是一块黑色的大理石，高2.05米，宽1.1米，正面刻有“淞沪抗战十九路军军部遗址”字样，侧面刻写着当时十九路军抗战事迹简介。1932年1月28日夜，日本海军陆战队分五路进攻位于上海闸北的中国军队十九路军防区，担负守护淞沪之责的十九路军总指挥蒋光鼐、军长蔡廷锴决定将军部移至真如镇范庄，并亲临指挥抗战。当晚，蒋光鼐、蔡廷锴和淞沪警备司令戴戟三人星夜冒雪步行绕道赶到十九路军临时军部范庄。“砰！”十九路军将士打响了正义的第一枪，由此拉开了淞沪抗日血战的序幕。淞沪抗战期间，中国军民协力抗战30余天，打死打伤敌军3万余人，迫使日军四易主帅，重创日军。

◎ 淞沪抗战十九路军军部遗址纪念碑

十九路军军部驻地——真如范庄于 1937 年 8 月 3 日被日军炮火炸毁。新建的遗址纪念碑教育今天和未来的人们：勿忘历史！

链接二

刘华烈士塑像在沪西工人文化宫落成

1924 年 9 月 1 日，沪西工友俱乐部在小沙渡路（今西康路）槟榔路（今安远路）路口北侧德昌里（安远路 278 号）诞生。项英为俱乐部主任，孙良惠为副主任，嵇直任秘书，刘华、顾秀等任委员。不久项英等调离，党组织派上海大学学生刘华接任俱乐部秘书，后任俱乐部副主任。俱乐部成立后，开展学习文化、举办讲演、组织游艺、教唱歌曲、辟书报室等活动，传播革命真理，提高工人阶级觉悟。1925 年 2 月，俱乐部迁

◎ 刘华烈士塑像

至吴淞江（即苏州河）北岸，隔河与日商纱厂相望的华界潭子湾三德里内，继续组织工人的“二月罢工”，成为党在“二月罢工”的前沿指挥所。同年5月15日，内外棉七厂发生日本资本家枪杀顾正红的血腥罪行。俱乐部根据党的指示，发表宣言，发动罢工，举行送柩大会。刘华主持追悼会，并领导广大工人积极准备大规模的示威游行。1925年5月31日，上海总工会成立后，俱乐部随之改为上海总工会第四办事处。刘华任上海总工会常委兼第四办事处主任，专心致力于工人运动。由于英、日帝国主义和军阀孙传芳勾结，刘华于11月29日被逮捕，12月17日被秘密杀害，并毁尸灭迹。1992年4月29日，刘华烈士塑像在沪西工人文化宫人工湖畔落成。

15 沪西工人俱乐部建成开放

◎ 1988 年的沪西工人文化宫

1961 年 2 月 7 日，上海市总工会沪西工人俱乐部建成开放。俱乐部以纪念 20 世纪 20 年代在沪西地区建立的沪西工友俱乐部而命名，此后曾先后易名为“普陀区文化宫”“普陀区工人文化宫”。1979 年 2 月 10 日，更名为“沪西工人文化宫”。文化宫坐落于武宁路 225 号，东临武宁路，西至曹杨路，是具有革命传统的沪西工人的学校和乐园，是普陀区人文资源的瑰宝。

1954 年，时任上海市市长陈毅在普陀区第一届人民代表大会第一次会议讲话时指出，为继承发扬大革命时期“沪西工友俱乐部”的光荣历史传统，要在沪西地区建造一所规模较大的工人文化宫。经中共上海市委批准，1959 年 1 月 14 日，沪西工人俱乐部新建项目在武宁路 71 号开工。1961 年 2 月 7 日，沪西工人俱乐部建成开放，成为受工会劳动者和当地居民欢迎的园林式活动中心。

沪西工人文化宫环境优雅，多种游艺设施吸引了广大工人职工和市民。文化宫每天安排有丰富的活动内容，入晚更是灯火辉煌。通过阵地与基层、示范与辅导的结合，培养了一大批宣传积极分子和基层工会文化活动骨干。沪西工人俱乐部通过寓教于乐的活动，发挥了“工人的学校和乐园”的作用，推动了本区工人群众文化的蓬勃开展。1998 年，沪西工人文化宫被全国总工会评为“工会系统示范文化宫”。2003 年，沪西工人文化宫被上海市总工会授予“上海市一级工人文化宫”称号。

链接一 沪西工人俱乐部少年宫落成开放

1961 年，根据普陀区委和市总工会关于建立少年宫的指示，为了培养工人阶级劳动人民的青少年子弟成为全面发展的有社会主义觉悟、有文化的劳动者——共产主义接班人，特在沪西工人俱乐部中筹建了少年宫，定名为“上海市总工会沪西工人俱乐部少年宫”。作为面向全区工人阶级、劳动人民的子弟开展共产主义教育的校外机构，少年宫以组织青少年开展科学技术、国防体育、文化艺术等群众活动为主，充分运用自己的阵地直接组织普陀区广大青少年开展各种活动，致力成为全区中小学开展共产主义教育、科学技术、国防体育、文化艺术活动的辅导中心，更好地为政治、为生产、为群众、为教学服务。少年宫坚持在区委统一领导下，坚决贯彻党的

◎ 普陀区少年宫

总路线教育方针、文艺方针、体育方针和毛主席关于“身体好、学习好、工作好”“好好学习、天天向上”的指示，坚持共产主义教育方向，坚持向青少年进行革命传统教育，切实根据青少年特点，配合学校和社会各方面把青少年一代培养成有社会主义觉悟、有文化的劳动者，成为有坚定政治方向、经得起风浪、吃得起艰苦、挑得起重担的共产主义接班人。1961 年 10 月 1 日，上海市总工会沪西工人俱乐部少年宫（后改名为“普陀区少年宫”）在曹杨路 450 号落成开放。

链接二

曹杨影剧院的前世今生

1959 年 11 月 26 日，作为曹杨新村的文化配套设施，曹杨影剧院在枣阳路兰溪路路口破土动工，这也是 1949 年以来上海市西北地区新建的第一座影剧院。整栋建筑共三层，建筑面积 3344 平方米，设 1016 座。因兼具电影放映和戏剧演出功能，故定名为“曹杨影剧院”。1960 年 4 月 30 日，曹杨影剧院隆重开幕，放映的第一部电影是讲述上海解放的《战上海》，意义

◎ 曹杨影城

非凡。

2002 年，曹杨影剧院与上海电影集团签约，共同组建上海上影曹杨电影放映有限公司，并在影院原址进行重建。全新的曹杨影城于 2004 年 12 月亮相，楼高六层，玻璃幕墙，放映厅增加至五个，900 余个座位，其中最大的 1 号厅有 492 座。虽然曹杨影院转移了演剧功能，但在 1 号厅中仍设计了一方舞台，为各单位举办团体活动提供方便。2008 年，曹杨影城引入 4K 数字电影放映设备。电影厅逐步改造，不仅提高了硬件设施，也让曹杨影城在之后每年的上海国际电影节上占得优势。

16 陕西北路小商品市场建成开放

◎ 陕西北路小商品市场

1982年1月，陕西北路小商品市场建成开放。

普陀区地处上海西部交通要津，优越的地理位置有利于各类市场的形成与发展。为此，区委、区政府积极引导和发展各类市场。1979年后，区内各类专业贸易市场进入大发展时期，不仅恢复了三官堂桥、宜川路、光新路等老农副产品市场，而且新建了沪西综合市场、三官堂桥禽蛋市场、陕西北路小商品市场及陕西北路商品调剂市场。

1981年，普陀区政府投资8万元，新建陕西北路小商品市场，市场占地1400平方米。最早设摊商贩仅50余户，至1990年，发展到180余户。上市品种有小百货、服装、童帽、玻璃、陶瓷、皮革、塑料、尼龙制品等80余种，多数是自产自销；还有修理钟表、拉链、配钥匙等服务性行业。市场内进行批量销售的品种有腈纶针织衫、尼龙衫等各种服装，远销新疆、山西、安徽、湖南、辽宁等省区。该商场还为商贩提供市场信息，组织货源，指导生产，开展代购、代销、代运、代储服务，为顾客来料服装加工，实行剪裁、拷边、缝纫一条龙服务。销售金额逐年上升。1982年，销售额为158.74万元。至1990年，销售额增至1157.83万元。1983年，市场被普陀区政府评为先进集体。1984年至1990年，市场连续被评为市工商行政管理行业的文明集市。

三官堂桥禽蛋市场

链接一

三官堂桥禽蛋市场的前身是三官堂桥农副产品市场。20世纪20年代就已是全市有名的农贸集市之一，一直延续至1949年以后。该市场一度停办。

1984年10月，开辟300米长的鸡市场，改名为“三官堂桥禽蛋市场”。1987年，曹杨路桥北首兴建占地1800平方米的二层交易楼，底层以活鸡、鲜蛋交易为主，二楼为禽蛋加工、各种副食品和南北干货、土特产的交易场所，并建造了吴淞江水上专用码头。市场同6省1市40多个县600多个单位和养鸡专业户、贩运户建立了购销关系。1990年上市活鸡1383.97万公斤，是1980年9.87万公斤的140倍；成交金额9556.29万元，占全区农贸市场成交总金额的36.73%。该市场上市活鸡占全市

◎ 三官堂桥禽蛋市场

活鸡交易总量的 80%，在全市 129 个集市中独占鳌头。从 1987 年起，该市场连续四年被评为全国文明集市。1994 年，三官堂桥禽蛋市场在曹杨路 1481 号易址重建，并于次年秋天建成使用。2010 年 1 月，为迎接上海世博会，市场经营管理方投入将近 1300 万元，改善了各项设施。为调整区域经济结构，改善城市环境，2013 年 10 月 1 日，三官堂桥禽蛋市场封门移交真如副中心。

链接二

上海市大型农产品批发交易市场：上海曹安路市场

上海曹安路市场是上海曹安菜篮子股份有限公司的核心资产，创建于 1991 年，占地面积近 100 亩，是农业部审定批准的全国鲜活农产品定点市场，被国家工商总局评定为全国农贸市场 50 强，是中国商业联合会、国家统计局评定为行业前百强的大型综合农副产品批发交易市场。2011 年，市场完成农副产品成交额 40.16 亿元，成交量 46.81 万吨，成为供应上海 1/4 农产品的龙头企业，是上海地区与上海农产品中心批发市场、上海蔬菜集团呈三分天下之势的大型农产品批发交易市场。其每天在中央电视台 2 套公布的批发价格已成为上海乃至华东地区

◎ 曹安路市场

的农副产品批发指导价。为了适应区域调结构、转产能的发展需求，曹安路市场于2013年3月1日正式关闭。

17 安联、友谊烟杂店率先实行承包经营责任制

◎ 安联、友谊两家烟杂店率先实行承包经营责任制

1983 年 1 月，普陀区烟糖公司和胶州烟糖中心店在全市率先实行承包经营责任制，为集体烟杂店改革探索新路。

1982 年初，安联、友谊两家烟杂店首次实行个人经营定额承包责任制。一个月内，商店面貌大变，营业额、经营品种、资金周转等项指标均创同行业新纪录。“老爷店”变成了“便民店”，个人收入也大幅度提高。后来，胶州中心店把两家烟杂店的“定额承包”改为“定率承包”，即算出平均销售毛利率，将毛利率分解为国家税收、上缴集体、个人收入三个部分，每月实际毛利率超过定率部分，个人可得一定比例。新办法实行后，国家、集体、个人三者收入都有上升，两家烟杂店经营品种从承包前的 70 多种增加到 130 多种。友谊店营业时间从 9 小时延长到 12 小时，还坚持为老弱病残居民送货上门；前店后家的安联店营业时间长达 14 小时，夜间还开设服务小窗口，顾客随叫随卖。有关方面对这两家店多次进行物价检查，没有发现缺斤短两的现象。周围的老顾客都说承包经营的烟杂店更加方便，服务热情，顾客和经营者都得益。实行承包经营责任制后的 17 个月，友谊店月均营业额比承包前的 1982 年增长 3.6 倍，国家收入增长近 5 倍，集体收入增长 10 倍多，个人收入增长 2.5 倍，个人平均月薪达到了 222.04 元。安联店各项数据也出现大幅增长，实现了经济效益、社会效益双丰收。

35 家老虎灶租赁承包

链接

1984 年 12 月，普陀区在成功试行承包经营责任制后，继续推进承包经营责任制，35 家老虎灶实行租赁承包。

老虎灶曾是遍布上海市井闾巷的一大景观，为居民提供热水服务。1949 年后，老虎灶全部变成国营经济，鼎盛期全市共有 2000 多家老虎灶。1984 年 12 月，普陀区 35 家老虎灶率先实行租赁承包。老虎灶单靠泡水，利润单薄。租赁户为了提高收入，想方设法腾挪空间，有的设几张桌子，权为茶室，老茶客一早把着一壶紫砂粗茶聊天谈讲；有的则设有盆汤，热水现成，浴资便宜，逼仄弄堂居家正好洗个舒坦；有的场子更大的老虎灶，前室辟为书场，每天两场，人气不输戏院。

◎ 老虎灶

随着供水系统的不断完善，以及煤气、电等基础设施的逐步完善，老虎灶逐年递减。2013 年 10 月，上海市区内的最后一家老虎灶关闭。

18 新时代“活雷锋”徐虎

◎ 徐虎

1985年6月23日，中山北路房管所水电维修工徐虎在朱家湾街道、石泉街道和中山街道他的服务辖区内挂出了三只夜间报修箱，并贴上告示："凡附近公房居民，如遇到晚间水电急修，请写上纸条放入箱内，本人将为您服务。开箱时间：每晚7点。"从此之后的13年里，每天晚上徐虎总会准时背上工具包，骑上自行车，直奔这三处报修箱，然后按照报修单上的地址，走了一家又一家。十多年里，徐虎为居民群众夜间义务挂箱服务，累计开箱服务4300多天，利用8600多个小时的业余时间，义务解决2500多个水电问题。

1975年，徐虎因征地分配进中山北路房管所，当上了一名水电维修工。居民一有报修，他就第一时间赶到。1998年徐虎走上领导岗位后，主动带徒，手把手地将自己的专业技能和"辛苦我一人，方便千万家"的服务理念传授给徒弟，形成了广泛的"徐虎效应"。

1986年、1988年，徐虎两次被评为上海市劳动模范。1992年，他当选上海市十大先进标兵。1989年至2010年间，他五次被评为全国劳动模范。1997年，他当选党的十五大代表，会议期间，时任中共中央总书记江泽民亲切接见并亲笔为徐虎题写了"为人民服务，点滴做起，贵在坚持！"的题词。2009年9月，徐虎被评为"100位新中国成立以来感动中国人物"和"时代领跑者——新中国成立以来最具有影响的劳动模范"，并赴京出席了"双百"人物座谈会、颁奖典礼和国庆阅兵，受到了时任中共中央总书记胡锦涛等党和国家领导人的亲切接见。2019年，徐虎获评"最美奋斗者"，并进京接受表彰。

链接一 全国道德模范曹道云

2006年，曹道云荣获上海市优秀共产党员荣誉称号。同年年底，获上海市民政系统"孺子牛奖"唯一的金奖。2007年，荣获首届"全国道德模范——诚实守信模范"、全国劳动模范、全国五一劳动奖章、国家民政部最高荣誉奖"孺子牛奖"。

曹道云早年下过乡，回城后常年在基层工作。2001年调任普陀区民政局局长后，接触了更多困难群众。"我是一名公务员，把老百姓捧在手上，把老百姓举过头顶是我的信念，是我的承诺。"为了实现诺言，曹道云通过调研，提出了"应保尽保，应帮尽帮，应业尽业"

◎ 曹道云

的工作思路，建立了救助与就业双向联动机制，使8000多名申请低保但有劳动能力的人走上了工作岗位；他在全市率先提出了“政府推动、民间运作、社会参与、百姓受益”的发展社区慈善事业的思路，在全区建立了18个经常性社会捐助接收点和13家社区慈善超市，慈善帮困达到10万余人次；率先探索建立了“政府购买式”“家庭自助式”“邻里互助式”“功能输出式”等多种居家养老服务新模式，实施独居老人“守望工程”、解决老年人上下楼困难的“扶手工程”；建立了全市第一家“婚姻家庭健康咨询室”和“离婚劝和”机制。2003年，他在普陀区民政系统设立“民政工作创新成果奖”，激励民政干部创新民政工作。“金奖银奖不如老百姓的夸奖，金杯银杯不如老百姓的口碑”，曹道云用自己的实际行动践行了为人民服务的承诺。

链接二

居民群众的贴心人梁慧丽

“基层干部就是政府的嘴、老百姓的腿”是桃浦镇莲花公寓居民区党总支书记梁慧丽的“名言”。

1996年，梁慧丽从国企转岗到社区工作。1999年，随“两湾一宅”动迁居民一起来到莲花公寓，担任居民区党总支书记。

◎ 梁慧丽

莲花公寓是一个超大规模的老式动迁安置小区，地理位置偏僻。入住时，小区附近没有商业网点和公交车站，小区内管道煤气、自来水、有线电视都没接通，居民满腹怨气。为了解决居民的实际问题，梁慧丽一边抓住一切机会向上级党组织和政府反映群众困难和建议，一边把进展情况告诉居民，安抚居民情绪。此后十多年里，小区的问题逐步得到了解决。小区 400 多户党员居民都贴上“党员家庭”标识亮身份，做到“我是党员我负责，我是党员我奉献”。莲花公寓居委会每天早 8 点开门、晚 9 点关门，全年无休，从未间断，第一时间帮助解决邻里不和、道路积水、噪声扰民等各种问题。

2005 年，梁慧丽被评为上海市先进居委会主任。此后，又先后荣获了第六届“全国道德模范提名奖”、全国优秀党务工作者、全国“最美社区人”、第四届“感动上海”年度人物、上海市劳动模范等荣誉称号。2017 年 10 月，梁慧丽作为居民区党组织书记代表参加了党的第十九次全国代表大会。

链接三

全国人大首批农民工代表朱雪芹

2008年3月，作为全国人大首批三名农民工代表之一的朱雪芹，成为全国人大第十一届一次会议媒体关注的焦点。

1995年初，朱雪芹从江苏睢宁农村来到上海华日服装有限公司打工。入职三个月，她便成为公司的技术骨干和创新能手。三年后，又赴日研修企业管理课程。学成回国后，朱雪芹带领员工在公司“一见棒”产品生产的操作工艺和质量管理上下功夫，总结提出了质量管理“三化”、操作技术“四功”等经验和做法，公司产品连续八年荣获“上海市名牌产品”称号。2005年，朱雪芹光荣地加入了中国共产党。在担任公司党支部委员、工会主席期间，她注重为农民工争取权益，推动公司职代会形成制度。2008年3月，朱雪芹首次出席全国人大会议，便向大会提交了有关制定农民工社会保障制度的建议案。在此后十多年的参政议政中，她提出的关于治理恶意欠薪的提案被大会采纳。2008年后，朱雪芹先后被授予全国十大杰出农民工、全国五一劳动奖章、全国劳动模范等称号。2016年，朱雪芹当选为上海市总工会兼职副主席。同年，建立了以她的名字命名的“朱雪芹职工法律援助工作室”，为职工提供“零门槛”法律援助服务。两年里，受助农民工达6000多人次，维护合法所得2700多万元。

◎ 朱雪芹

19 全国“田径之乡”

◎ 普陀区少体校田径队日常训练

1986年4月，在第二届全国“田径之乡”评选中，普陀区被中华全国体育总会命名为“田径之乡”，在京、津、沪三大城市中，普陀区成为首获此项荣誉的地区。

普陀区田径运动有着雄厚的群众基础。全区中小学基本上校校都有田径队，每年都举行一两次田径运动会，全区性的各类田径竞赛平均每月有一次。在此基础上，区、校都设立业余训练网，初步形成多层次的业余训练体制。如宜川中学逐步完善了田径三级梯形培训网，1985年，该校被评为“全国田径传统学校先进集体”。1972年至1985年，全区先后向市队和市少体校等输送了156名田径运动员。

1987年，普陀区政府领导指示，要进一步加强“田径之乡”建设。区体委在深入调查、听取各方面意见的基础上，制定《加强“田径之乡”建设的三年规划》，进一步明确前进的方向，并采取措施，通过扩大田径传统学校布局、实行田径达标奖励制、试办高水平运动队、对带队教师给予津贴、改革竞赛分组制度、加强师资培训、引进技术骨干等，调动起各方的积极性。至1990年，普陀区共向国家队、市体工队、市少体校等输送田径运动员211人。在1990年全国第三届“田径之乡”评选中，普陀区再获殊荣。

链接一

上海国际10公里精英赛落户普陀

2016年，上海国际10公里精英赛作为上海马拉松系列赛落户普陀，成为首个以“上海”城市命名的10公里赛事。这项赛事赛道选择在苏州河北岸的长风生态商务区，是由商务楼宇建筑群、绿化廊道、河滨景观带与校园风光有机结合构成的绿色长廊，让参赛者在跑过产业功能集聚的商务园区、绿植丰富的长风公园、学术氛围浓厚的华师大校园以及蕴含中国工业发展历史变迁的工业遗址时，领略长风地区的历史变迁和发展前景。

为提升赛事的专业性，上海国际10公里精英赛每年邀请来自埃塞俄比亚、肯尼亚、坦桑尼亚等国家的国际高水平特邀选手参赛。在专业赛事的基础上，还设置了2公里亲子跑，为亲子运动提供了优质的活动场地和丰富的活动内容。

通过连续三年的努力，该项赛事凭借着富有特色的赛道路线设

◎ 2017 年上海国际 10 公里精英赛

计、精心的赛事组织、有序的安全保障，先后获得中国田径协会授予的“铜牌赛事”“银牌赛事”和“金牌赛事”称号。上海国际 10 公里精英赛与上海国际半程马拉松赛、上海国际马拉松赛一起，共同使“上马”赛事品牌形成了国内首个 10 公里、半程、全程三大金牌赛事体系。

链接二

全国「围棋之乡」

2017 年 12 月 28 日，中国围棋协会授予普陀区全国“围棋之乡”称号，普陀区成为全国第 31 个获得这一称号的地级行政单位。

普陀区围棋运动参与人数多，普及面广，培养出的邵炜刚（九段）、刘世振（七段）、胡耀宇（八段）等先后进入国家围棋队。20 世纪 90 年代初，普陀区连续举办了三届“围棋名人邀请赛”，时任中国棋院院长陈祖德（九段）、“棋圣”聂卫平（九段）、华以刚（八段）、刘小光（九段）等当时国内顶级棋士云集普陀，名噪一时。近

◎ 2018 中国“围棋之乡”联赛（第一站分站赛）

年来，普陀区大力提倡、发展益智类活动。2019 年，上海棋牌院普陀分院落成并投入使用，普陀区也已将围棋、中国象棋、国际象棋、桥牌等益智类项目列入《普陀区体教结合促进计划（2017—2020）》，加大对这些智力运动项目的投入和扶持，为普陀智运高地建设奠定扎实的基础。2018 年 4 月 20 日，2018 中国“围棋之乡”联赛（第一站分站赛）在普陀区举行，有来自江苏、江西、上海、浙江的八支队伍参赛。由邱峻（九段）领衔的上海普陀区近铁城市广场队作为普陀区历史上最强的围棋代表队出征比赛。

20 中山北路、交通路跨铁路车行立交桥建成通车

◎ 1986 年，中山北路、交通路跨铁路车行立交桥建成通车

1986年12月31日，普陀区首座跨铁路线立交桥——中山北路、交通路跨线桥建成通车，使得横拦在普陀区域的天堑——铁路阻隔变成了坦途。交通路跨线桥跨越沪宁铁路外环线及交通路、中潭路，主体工程由三座东西向的桥体组成。该桥的建成，使中山北路铁路道口和交通路车辆严重受堵现象得到缓解。其中，中山环路高架公路桥于1993年12月建成通车，大桥两侧为单向行驶的车行立交桥，各由三跨46.6米钢筋混凝土预应力简支梁组成，均长139.8米，宽14.5米，引桥均长402米，宽12米，主桥部分外侧设4座梯道和宽3米的人行道，供行人翻越铁路。

历史上，普陀区受"三线一河"（铁路沪宁线、沪杭线、南何支线和苏州河）的分割，区域间联系严重受阻。20世纪80年代后，普陀区先后在沪宁、沪杭铁路线上建成了光新路、真北路、岚皋路、真华路等跨铁路的立交桥和隧道，使往昔阻隔区域联系的天堑变成了坦途。

链接

光新路立交桥

光新路立交桥是上海市第一座同时建有上下立交桥的工程。由于铁路行驶的需要，光新路铁路道口每天需关闭20余次，有200列火车经过，日关闭时间达8个小时之久。随着经济的发

◎ 光新路立交桥

展，铁路北端居民迅速增加，机非车混行，经常发生列车停驶的恶性事故，严重制约了地区和铁路的经济发展。为了根本解决这一问题，经过市铁路局同市建委协商，共同投资建造光新路立交工程。光新路立交工程北从志丹路、甘泉路交叉口起，南至光新路、中山北路交叉口，全长 1334 米，车行道宽度 16 米，5 个车道。1994 年 1 月 31 日开工建设，同年 12 月 20 日建成通车。光新路立交桥为三层立体交叉：底层为光新路非机动车道，中间层为横跨地道的沪宁、沪杭铁路和交通路，最高层为光新路车行立交桥。立交桥左右两侧地面以铁路围墙为界，南北两端的左右两侧地面均设有匝道与周边道路连通。光新路立交桥建成后，缓解了光新路铁路道口交通拥堵状况。

21 中国物资第一楼

◎ 上海物资贸易中心大厦和中山北路物贸街

1989年12月，上海物资贸易中心大厦在普陀区中山北路落成。该大厦入驻有国家级期货市场、各类大型现货交易市场和上海金属交易所，以及上海宝山钢铁总厂、上海石油化工股份有限公司、鞍山钢铁公司、十堰第二汽车制造厂等151家大中型骨干企业。大厦内设有超级小型计算机构成的信息网络，包括卫星地面接收系统、数百个电脑终端、数千门国际国内程控直拨电话，并提供邮电、银行、工商、税务、物价等服务，融销售、信息、服务于一体。物资贸易中心大厦不仅是上海市西区物资贸易中心的龙头企业，也已成为全国最大的物资贸易中心，名列国务院发展研究中心评选的中国500家最大服务企业之一，为物资部100家最大企业的第23位。1993年9月25日，物资贸易中心大厦改名为“上海物资贸易中心股份有限公司”。

1985年，上海市和普陀区政府决定规划建设以物资贸易中心大厦为龙头的中山北路物资贸易街，大力发展各类专业贸易，推动形成大型的生产资料市场、生活资料市场和便捷的零售商业网络。经过数年发展，中山北路物资贸易街集聚了近百个成规模的生产生活资料市场，各类傍路而起的超大型配送中心成为上海与内地的贸易基地，新型物贸街、商住街和商务中心也开始崭露头角。普陀区利用“车流”带来“客流”，将道路优势转化为经济优势，成为闻名全国的物贸中心。上海物贸中心大厦也以其交易手段的现代化和成交量巨大的实力，被誉为“中国物资第一楼”。

上海陆上货运交易中心

链接

2005年7月，根据上海陆上货运行业发展要求，长发集团长江投资实业股份有限公司与上海西北物流园区集团有限公司，按“政府推动、政策配套、市场运作、企业经营”的原则联合组建上海陆上货运交易中心有限公司。陆交中心位于普陀区金迈路1号，占地面积约4.69万平方米，建筑面积6.66万平方米，主要由建筑面积为3万平方米的12层商务楼和3.6万平方米的2层公共中转平台组成。陆交中心被上海市政府列为2006、2007年度现代化物流建设的重点项目。2007年，被列为上海市十大现代物流项目之首，是上海市“十一五规划”中“现代物流业”和“现代服务业”的重点培育和发

◎ 上海陆上货运交易中心

展项目之一。2015 年以来，陆交中心以智慧物流、平台功能拓展为发展主线，深化物流供应链管理服务，研发标准化物流平台系列产品，推进建立“长江物流交易指数”，实施跨境电商服务资源平台化配置等，取得实质性进展。

22 重建沪西清真寺

◎ 沪西清真寺

1992 年 4 月，沪西清真寺重建工程在常德路 1328 弄竣工。

1914 年左右，小沙渡（今西康路）一带人烟稀少，日本内外棉纺织株式会社在此租地投资建厂，湖北、山东、河南、安徽等地来沪穆斯林开始居住在这一带。1922 年 7 月，由穆斯林捐款租地 0.8 亩建造的沪西清真寺在药水弄建成。1990 年，普陀区政府为改造药水弄旧区，决定在常德路拨地 2.5 亩重建沪西清真寺，并于当年 7 月 4 日动工、1992 年 4 月竣工。

新建成的沪西清真寺，建筑面积由原来的 333 平方米扩大为 1125 平方米，由双心拱门、穹隆顶等元素构成的二层礼拜殿为主体建筑，与两条走廊辅助建筑相衔接，宣礼塔高达 25 米，整个建筑浑然一体、相得益彰。辅助建筑分别设置了教长室、讲经堂、会客室、水房、厨房、小卖部等，以满足教职人员和信教群众的需求。前后庭院中，还设计建造了彩色喷泉。整个清真寺布局灵活、宁静典雅，创新运用了伊斯兰传统建筑元素，获得建设部 1993 年优秀设计奖。

链接一

西藏民族团结模范班集体：上海市晋元高级中学西藏班

上海市晋元高级中学前身为华童公学，创办于 1904 年，是租界工部局在上海最早开设的华人子弟学校之一。2002 年，学校承办了市教委“教育援藏”项目，开设内地西藏高中散插班。学校推进西藏班特色课程教育，根据西藏班学生实际因材施教，落实混班制教学形式，强化西藏生教育策略和课程辅导，落实西藏生初高中衔接段课程和教学辅导，推进西藏生个别化的文化辅导及高考复习指导。学校充分利用爱国将领谢晋元将军及四行仓库抗战纪念馆等教育资源，加强西藏学生的爱国主义教育和核心价值引领，丰富西藏班的教育方式和德育活动。同时，以弘扬汉藏民族文化为纽带，组织开展主题教育活动、心理咨询活动、读书活动和趣味运动，同时开展艺术展演、慰问联欢及游学旅行等形式多样的文化活动，帮助西藏生开拓文化视野、丰富课余生活，促进汉藏师生交流互动与情感交融，全面促进西藏生的健康成长。学校连续获“上海市金爱心集体”“上海

◎ 西藏班学生文艺演出

市先进班集体”“西藏民族团结模范班集体”称号，西藏班学生获“全国最美中学生”称号。

链接二

民族教育特色学校：普陀区回民小学

位于叶家宅路77号的普陀区回民小学始建于1933年，是一所以民族教育为特色的公办学校。该校努力探索在多元文化语境下，让来自不同家庭、不同民族、不同文化背景的学生拥有共同的幸福成长的办学方法，在完成国家规定课程的前提下，创设各种教育条件，力求将多彩的民族文化融入教育教学，让每一个孩子在学习过程中体验成功、感受幸福、增强自信。“玩转华夏·民族游戏”是回民小学的“一校一品”，学校基于体育课本教材进行延伸拓展，组建跨学科教师团队，对传统的民族

◎ 普陀区回民小学学生表演京剧《自有后来人》

体育活动进行整理、提炼、改编，精心设计规划适合各年段的民族游戏活动。“三月三·女儿节”是回民小学对古代节日的现代演绎，帮助孩子们了解美的文化，成为学校的重要标志。京剧课程也是学校的一大特色，学校排演的《坐宫》《杨排风》《天女散花》等剧目曾在各种媒体和平台上演出。多彩的民族文化为学生的精彩人生打上了绚丽的底色。普陀区回民小学曾荣获国家教委、国家民委颁发的“全国民族教育先进集体”称号。

23 上海市第一个村级党委：中共李子园村委员会

◎ 李子园

1995 年 9 月 28 日，中共上海市普陀区桃浦镇李子园村委员会正式成立，成为上海市第一个村级党委。李子园村党委成立之初，明确把思想建设摆在党委建设的首要位置，始终铭记和保持老一辈传承下来的“勤俭节约”“艰苦创业”本色，进一步解放思想，开拓思想。20 世纪 90 年代初，李子园村建造了桃浦镇的第一批标准厂房，成为当地引进外资最多的村。1993 年，李子园村在桃浦镇第一个启动老宅改造，历经 10 余年，总投资 1.5 亿元，总建筑面积 15 万平方米。2002 年，李子园村在桃浦镇上率先实现在职职工全部进入社会保障体系，解决村民的后顾之忧。2006 年 11 月，李子园村村民全部搬进别墅。经过几十年的不懈努力，如今的李子园村由从前的“赤脚村”，发展成为社会主义新农村。1994 年，李子园村被评为“全国绿化千佳村”。1995 年，李子园村被评为“全国模范村民委员会”，获得上海市级荣誉十多项。1998 年至今，连续 11 次被评为“上海市文明村”，成为“青少年看社会主义新农村基地”、上海市“百万市民看上海”重要景点之一。

链接

上海市第一家民营科技企业党委：复星（集团）公司党委

复星高科技（集团）有限公司是 1992 年起在普陀区创业发展起来的民营企业，1997 年成立党支部，企业规模不断扩大，迈入了稳定发展阶段。复星的创业者们清醒地意识到，企业要保持长期健康发展，离不开党的正确领导。2001 年 7 月，在复星集团党支部的基础上，集团党委正式成立，成为上海市第一家民营科技企业党委。复星集团党委把“创建优秀企业文化、凝聚优秀人才、推进企业高速发展”作为党组织在企业的定位。在纵向上，构建完整的产业党组织架构，在发展具备竞争优势产业的同时，优先考虑党组织的配备；在横向上，明确各管理职能部门和群众组织在加强党建工作中应承担的相应职责和工作内容，形成合力。经过 20 多年的发展，复星集团已经从一家 3.8 万元起家的大学生创业企业发展成为总资产达 6388 亿元的世界 500 强企业，复星集团党组织也由 1 个支部成长为拥有 5 个直属党委、1 个党总

◎"复星一家"党建研修会长三角分会成立

支、近1300名党员的大型民企党委，并先后获得了"全国先进基层党组织"、全国非公企业"双强百佳党组织"等荣誉称号。

24 “全国最佳街道”“中国街道之星”：曹杨新村街道

◎ 1995 年 11 月，时任曹杨新村街道党工委书记王含芳（前排左三）赴京领取“全国最佳街道”“中国街道之星”奖牌和奖杯

1995年11月，普陀区曹杨新村街道被国家民政部授予“全国最佳街道”“中国街道之星”称号。

作为上海第一个工人新村，曹杨新村街道一直是基层建设的一面旗帜。进入改革开放和社会主义现代化建设新时期，街道紧抓物质文明和精神文明建设，解放思想、深化改革，繁荣城乡经济、维护社会稳定，促进社会发展。1991年，街道全面实施经济发展环境、文化环境、市容环境、社会环境、服务环境、教育环境等“六个环境”建设，对微利企业实施关停并转，大力引进有发展潜力的企业；成立思想政治研究会，吸纳社区单位，开展为民服务，创建文明小区；建立家长学校、居民学校和社区教育实践基地，结合普法教育，开展社区教育，丰富社区文化；设立便民利民八大服务系列115个服务项目，建立社会救助网络，加强社区服务；以市容道路、住宅小区及共用部位整治为重点，创建卫生小区和卫生街道，实施“二万户”住房改造。1995年，全街道共有市区级文明小区6个，市区级安全小区12个，社区教育基地34个，志愿者7000余人，刑事发案率连年保持全区街道最低。并成为全国首批外事接待单位之一。

此后，曹杨新村街道又启动了三年一轮“爬坡计划”，推动街道经济发展的同时，着力提高社区精神文明建设水平。2002年，街道被中央文明办和国家民政部命名为“全国文明社区示范点”和“全国精神文明建设工作先进单位”，成为上海市唯一获得全国“双文明”称号的社区。

链接

全国文明住宅小区：子长小区

甘泉路街道子长小区建成于1987年，共有居民1951户，总人口5532人。小区设计新颖独特，造型优美别致，住宅错落有致，道路宽敞舒展，基础设施功能齐全。小区建成伊始，便成立了街道新村管理委员会子长小区办公室，对小区实施全面管理，建立完善房屋、道路、卫生、绿化、治安等18项管理规定，确保楼内无乱堆乱放，庭院无乱搭乱建，绿地、道路洁净整齐。小区还整合各类资源种“实验田”：社区教育开辟了“科普角”，社区文化推出了“庭园音乐会”，妇联举办“家庭文

◎ 子长小区

化节”，物业、房管部门开展“辛苦我一人，方便千万家”创先争优活动等，小区居民自发组成护村队、道路保洁队、绿化养护队、楼组看护队等自治队伍，共同建设幸福家园。1992 年 10 月，子长小区被评为“全国文明住宅小区”。1993 年 6 月，子长小区入选 10 个市级“文明小区”。1994 年，子长小区被评为“上海市先进管理住宅小区”，子长居委会也被评为“上海市十佳卫生里弄”。

25 建设上海“西大堂”

◎ 万里：中央绿轴

1995年12月，普陀区委五届八次全会提出了加快基础设施建设，努力打造上海“西大堂”的工作目标和要求。

20世纪90年代初，随着物贸中心地位的逐步确立，普陀区贸易与市场群落功能开始显现。但由于基础设施薄弱，在区级财力、人口、产业结构、基础设施等方面存在诸多薄弱环节，区域经济社会发展面临较多制约。进一步明确发展战略目标，充分发挥比较优势，统一思想、凝聚力量、抓住机遇、加快发展，成为普陀区委、区政府亟须破解的课题。

经过认真分析研究，普陀区委五届八次全会根据上海市委、市政府提出的“区划不变、分片合作、增强功能、协调发展”的战略方针，要把普陀区建成上海物贸中心、“西大堂”的要求，结合实际，提出了“九五”期间发展战略目标，即：抓住上海西区交通改善和上海物贸中心功能定位的历史性机遇，集中全力，突出重点，高起点地进行基础设施建设，塑造上海“西大堂”的风貌。

此后，普陀区人民在区委、区政府领导下，锐意进取，攻坚克难，先后建成了一批对普陀发展具有重大影响的项目：国家重点工程沪宁高速公路通车，强化了“西大堂”的区位优势；麦德龙在中国的第一家大卖场落户普陀，上海农工商超市总公司落户普陀。经过五年建设，普陀区增加值实现翻番，区级财政收入年均增速达到19.3%。市政建设“三大战役”基本完成，区域内的交通设施有了较大的改善，经济社会发展基础得到改善，功能特色进一步强化，作为上海“西大堂”的城市形象初步确立。

26 麦德龙落户普陀

◎ 麦德龙开张

1996年10月，德国第一、欧洲第二、世界第三的零售批发超市集团——麦德龙集团在普陀区真北路1425号设立了在中国的第一家商场，“现购自运”模式给中国商贸业带来了全新的仓储批发的商业概念，填补了我国在仓储业态上的空白。

不同于其他零售超市，麦德龙商场在建筑设计上是一个独立运营的单层建筑，外表看上去像一个蓝盒子，单层层高10米。内部结构是体现简约现代工业风格的仓库，货架下半部分用于商品陈列展示，上半部分则用于相应商品的存放，起到了仓库的作用，货架之间的距离在2.6米以上，便于叉车随时通过，迅速完成补货工作。同时，商场外部配备有200个停车位的停车场，为专业客户提供了畅通无阻的购物体验。在商品定位上，麦德龙商场提供4万种以上商品，满足客户“一站式购物”需求。包括新鲜蔬果、鲜肉、鲜鱼、奶制品、冷冻品以及进口牛奶、葡萄酒等成为当时的明星商品。在销售模式上采取“现购自运”，即专业顾客在商场内自选商品，以现金支付并取走商品，与传统送货批发模式相比，具有较高的性价比、即时获取商品和更长的营业时间等特点。

普陀店很快获得了成功，麦德龙随后迅速在上海其他地区以及江浙开设了商场。2002年，麦德龙中国总部大楼也在普陀区落成。

链接

普陀区首家跨国公司地区总部

2010年6月24日，纳尔科（中国）环保技术服务有限公司在上海市工商局登记成立，成为普陀区引进的第一家跨国公司地区总部。纳尔科公司是艺康集团的子公司，注册资本5000万元人民币，投资总额为人民币12500万元。公司主要从事环保技术研究开发和技术支持，是提供专业化学品、设备及工艺过程处理解决方案的供应商。与各行业，诸如石油、化工、钢铁、电力、航空、造纸、制药、食品和饮料、中型和轻型制造、金属加工等携手合

◎ 艺康集团大楼（《新普陀报》社提供）

作，帮助客户降低运营成本，提高生产收益和保护环境。2018 年，纳尔科公司实现税收 15969 万元，其中区级税收 4677 万元。

27 上海万里城

◎ 1997 年万里城开工图

1997年6月17日，上海万里城正式开工建设。经过15年的开发建设，到2011年万里实验幼儿园竣工交付，万里城建设圆满收官。

1996年，为加快"九五"期间住房建设和旧区改造步伐，实现竣工住宅4500万平方米的总量目标，上海市政府规划在内、外环线之间建设大型住宅小区，解决上海市民家庭住房问题。1997年，普陀万里与宝山江湾、闵行春申、浦东三林被定为首批四大示范居住区。其中，上海万里示范居住区建设任务由中环集团承担。

万里项目用地主要是长征镇万里村和横港村（部分）区域，东起交暨路，西至真南路，南沿交通路，北至武威东路，占地216.55公顷，总建筑面积约257.71万平方米。1997年1月，确定法国夏氏夏邦杰建筑设计师事务所为万里城整体设计方案中标单位。1997年7月，万里示范居住区控制性详细规划获批。中环集团按照"一次规划，分期实施"的原则，将整个工程分四期实施。万里城先后荣获联合国"生态环境住宅金奖"和"人居贡献奖"、全国"跨世纪住宅小区方案优秀奖"、全国"优秀环境设计建筑形态金奖"和"景观设计金奖"、"新中国50年上海最佳住宅小区大奖"等奖项共计46项。

生态园林型住宅小区：甘泉苑

链接

位于平利路41弄的甘泉苑，是"七五"期间上海市在中心城区重点开发建设的24个住宅新村之一。1987年3月动工兴建，1995年2月竣工，用地面积11.25公顷，建筑面积17.6万平方米。甘泉苑按照植物齐全、生态和谐的原理，种植有51个科、80多个品种、3万多株花草树木，小区绿地面积5.05万平方米，绿化率达44.98%。甘泉苑月月有花，季季花香，是一个全市闻名的生态园林型住宅小区。小区内建有造型别致的袖珍"泉园"，园内有一眼人工造就的流缓水清的清泉，被著名古建筑学家、同济大学教授陈从周先生命名为"海上第一泉"。1995年，甘泉苑荣获上海市"十大新景观最佳居住环境奖"。1992年，甘泉苑被评为普陀区"文明住宅小区"。1994年，成为第一批上海市"文明小区"。1995年3月，

◎ 被誉为“沪上绿宝石”的居住区——甘泉苑

被中央文明委命名为全国“文明小区”，成为上海第一个全国“文明小区”。到 2007 年，甘泉苑连续 14 年被评为上海市“文明小区”。

28 长寿路拓宽工程

◎ 1997 年，长寿路拓宽工程荣获“上海市政工程金奖”，路况及景观均得到了很大提升

1997 年 12 月 17 日，长寿路拓宽工程竣工通车。通畅的道路交通，崭新的沿街建筑，揭开了长寿商业商务街建设的序幕。

长寿路原名劳勃生路，修筑于 1900 年，沿路建有大片旧式里弄住宅。长寿路东与天目西路相接，西与长宁路相连，是上海中心城区“三横三纵”交通网络中的“北横”，交通十分繁忙。1949 年以来，长寿路虽经多次改造，但其车行道最宽处仅为 24 米，最窄处只有 10 米，道路通行能力低，行驶条件差，成为制约上海西区交通的一大“瓶颈”。1995 年，普陀区政府决定对长寿路实施拓宽改建。1996 年 10 月，拓宽工程拉开序幕。

长寿路拓宽工程是当时普陀区规模最大、工程最复杂的一项工程，需动迁居民 2400 户、市属单位 41 家、区属单位 81 家、区属商业网点 83 家，总建筑面积达 2.8 万平方米，动迁费用 9 亿元，改造工程费用 13 亿元。普陀区委、区政府坚决摒弃“等靠要”思想，千方百计筹集资金和招商引资，组建了普陀区城市建设投资有限公司，举全区之力，仅用了三个月时间就完成了沿线全部动拆迁任务。

完成拓宽改建后的长寿路，路幅达到 40 至 60 米，设有六条机动车道和两条非机动车道，极大地改善了东西向交通环境。大批旧里公房拆除后，新建了上海知音苑、阳光新苑、达安花园、西部俊园、上青佳园、秋水云庐、光明城市公寓、音乐广场等几十处新型住宅大楼，彻底改变了居住环境和市容面貌。长寿路、西康路路口一带逐渐形成沪西商业中心，长寿路也被称为“沪上商住第一街”。

曹杨路拓宽工程

链接一

曹杨路南起曹杨路桥，北至桃浦路，全长 4638 米，始建于 1935 年，先后数次易名。1950 年，以曹家渡、杨家桥两地首字改今名。曹杨路是上海西部地区南北向交通主干道。在 1967 年后，曾对曹杨路大部分路段实施拓宽，但车行道宽也仅 10 米。1994 年 11 月 24 日，曹杨路拓宽工程开工建设，这是市政建设权下放后，首次由普陀区组织实施的区内重大城市道路建设工程。拓宽工程南起苏州河曹杨路桥，北至上海西站，全长 4.16 公里，工程资金预算达 3.2 亿元。为解决资金难题，区委提出“这是检阅考验我们普陀区战斗力的工程。要凝聚全区合力，

◎ 曹杨路新貌

建好曹杨路”的号召，以“人民城市人民建，人民道路大家作贡献”为指导思想，采取“以房换地，以地兴房，拓路促进旧城改造”模式，解决动迁资金问题。“艰苦奋斗、勤俭筑路搞建设”，赢得了广大人民群众的理解、支持。1996 年 8 月底，仅用 643 天就全部完成了拓宽工程。改建后的曹杨路路幅增至 32 米，设有六条机动车道和两条非机动车道，中间有 0.5 米宽的机非隔离带，沿线设有六对公交港湾式停车站。

链接二

武宁路高速公路入城段工程动迁工作

1995 年 2 月 28 日开工的武宁路高速公路入城段项目，全长 1886 米，面积 4639 平方米。整个建设工程涉及曹安路街道、真如镇、长征镇沿线各类临房简屋 12 处共 2.1 万平方米，其中 90% 以上为商业性临房，是当时沿线街道、镇的重要收入来源。针对部分同志的思想顾虑，普陀区委、区政府领导反复开展教育疏导工作，统一干部群众思想：街镇经济要真正腾飞，

◎ 今日沪宁高速公路入城段入口，被称为“武宁第一岗”

靠商业网点等小打小闹是不行的，只有暂时放弃一点眼前利益，通过加大市政基础设施和市容环境建设力度，实现普陀投资环境一个质的飞跃，才能“筑巢引凤”，实现区域经济的大发展。思想认识统一了，各街道、镇干部毫无怨言地将 2 万余平方米的商业性临房全部拆除，主动解决了因临房被拆所产生的下岗待业人员的安置问题，为入城段市容景观建设工作铺平了道路。武宁路高速公路入城段的建成，使普陀区成为上海连接江苏等长三角地区的陆上交通门户。

链接三

率先建成的内环高架路普陀段

内环高架路工程全长 47.66 公里，由浦东段、浦西段和南浦、杨浦两座黄浦江大桥组成。其中高架路普陀段位于中山北路沪太路至盘湾里一线，全长 5.47 公里，净宽 17 米，四车道。1991 年实施工程前期工作，普陀积极支持市重点工程建设，做好工程周边单位、居民的动迁安置工作，为内环线普陀段率先

◎ 2013 年的内环线

完成打下了良好的基础。该段工程于 1992 年 10 月正式开工，1993 年 12 月 20 日竣工通车。内环高架路建成后，周边道路交通状况得到明显改善，方便了普陀与上海中心城区的联系。随着机动车辆日益增加，1997 年，在中山北路（武宁路路口）南侧地面道路路口下匝道内侧增加了一条向武宁路右转弯的机动车道，消除下匝道直行车辆与地面道路车辆右转弯相交堵塞的矛盾；1999 年，又增辟了中山北路、金沙江路路口两对上下匝道，加快了路口车辆的分流速度。

29 苏州河环境综合治理

◎ 整治后的苏州河（西康路桥以西一段）

1998 年，苏州河环境综合整治一期普陀段工程正式启动。

从 20 世纪 20 年代开始，随着居住人口增多，工业快速发展，大量生活污水和工业废水排入苏州河，河水逐渐受到污染。苏州河已成为制约上海经济、社会、环境等方面协调、可持续发展的一个突出问题。1996 年，上海市全面启动苏州河环境综合整治。

苏州河普陀段西起北新泾、东至长寿湾，河道长度约 14 公里，岸线长度约 21 公里。苏州河环境综合整治一期工程包括支流污水截留、污水进厂处理、底泥疏浚等十余项，于 2000 年实现了消除苏州河干流黑臭的工程目标。2003 年，苏州河环境综合整治二期工程启动，主要实施以稳定水质、环境绿化建设为目标的八项工程，并通过西向东的单向流动改造，提升了两岸防汛能力。整治二期工程期间，“两湾一宅”段完成改造，梦清园于 2004 年 7 月建成开园，龙舟赛的击鼓声开始在苏州河上响起。2007 年，苏州河环境综合整治三期工程（简称“苏三期”）开工，沉积近百年的河底淤泥于 2012 年完成清挖，苏州河防汛功能得到进一步提升。同时，“苏三期”也带动了上海所有河流的整治。经过整治后的苏州河，面貌发生了翻天覆地的变化：水质得到明显改善，生态系统逐渐恢复，河道两岸的绿色走廊、大型绿地成为申城市民休闲、健身的新去处。

链接一

上海第一座活水公园：梦清园

2004 年 7 月，上海第一座活水公园——梦清园建成开放。梦清园的建成，展示了普陀区水环境治理三年行动计划的成果，标志着苏州河水变清梦想开始实现。梦清园位于宜昌路 66 号，坐落在苏州河南岸、宜昌路以北、昌化路以西、江宁路桥东侧，三面临水，占地 8.6 公顷，具有亲水性、大绿量等特点。梦清园以水体的净化再生为主题，形在“绿”，绿化率达 84%，从空中俯瞰浓绿一片，青翠葱茏，似一颗绿色翡翠；魂在“水”，蕴含丰富内涵。“绿”与“水”又紧密联系，水养绿、绿净水。

梦清园集园林绿化、历史文脉、科普教育、水环境治理工程于一体，体现了科学与艺术结合之美。梦清园保留着建造于 20 世纪 30 年代的原上海

◎ 梦清园华灯初上

啤酒厂灌装车间和酿造楼两幢历史建筑，其中灌装车间建成上海水环境展示馆（梦清馆），介绍和展现苏州河的历史变迁、河流生态系统退化的情况，改革开放以来治理苏州河的成果，并展示了苏州河美好和谐的明天。

曹杨环浜治理

链接二

曹杨环浜是位于曹杨新村的一条环形封闭水道，周围楼房林立，居住着 10 多万居民，人口密度和建筑密度极高。过去由于城市污水和垃圾注入的污染影响，环浜水体发黑发臭严重，沿途环境污浊不堪。1981 年 3 月 17 日，普陀区区长第十三次办公会议上通过了曹杨新村环浜治理工程计划，自此，曹杨环浜综合整治拉开序幕。曹杨环浜整体治理措施包括修筑砼、石驳岸，底泥疏浚，架设过河管道，截流入河下水道污水，修建环河周边绿地和公园，构建水生物、植物净化水质生态体系，等等。2000 年后，普陀区又通过完善截污、环浜造流、构建水生态系统、定期监测水质变化等手段，持续开展曹杨环浜的综合治理。随着污水截留、妥善处

◎ 曹杨环浜

置，水生植物的恢复，良性生态系统的建立，河浜水质逐步变好。近年，河道水质稳定保持Ⅲ类水平。2005 年，曹杨环浜治理工程被评为上海市“河道生态修复优秀示范工程”，曹杨环浜被周边居民誉为“水下森林”。曹杨环浜污染治理工程是国内早期成功实施的天然水体生态修复项目，开创了国内水体生态修复的实践，具有良好的环境和社会效应，对城市河道的治理与富营养水体生态修复具有良好的示范效应。

链接三

桃浦地区的污染治理与产业转型

曾经流传着这样一句顺口溜：“臭气冒，桃浦到。”桃浦环境污染问题一度十分严重。1987 年 8 月，桃浦工业区综合治理一期工程正式开工。桃浦污水处理厂建成，53 家企业的工业污水得到妥善处置，工业区内的小型锅炉改为统一的集中供气，新槎浦河完成拓宽改造，工业区绿化覆盖率达到了 25.9%，867 户农民搬进了环境良好的桃浦新村。1997 年 12 月，上海市政府宣布正式摘除桃浦工业区重污染地区的“帽子”，桃浦地区面貌发生了根本变化。1998 年起，桃浦工业区围绕都市型工业园区建设目标，开启两轮综合治理三年行动计划，完成了市政府提出的“一控双建标”

◎ 2016 年，污染土集中处置中心投入使用

任务和创建大气、噪声、污染物排放达标镇工作。2006 年，桃浦工业区被列为上海市三大生产性服务功能区之一。2012 年，桃浦正式开启“智创城”建设之路。为实现绿色生态的建设目标，普陀区引入国内一流的环境修复企业，针对不同的污染类型，采用化学氧化、稳定化、气相抽提、热脱附等处理工艺，实施土壤修复和安全利用。如今的桃浦，正朝着智创 TOP 的转型发展之路不断迈进。

30 “两湾一宅”旧区改造

◎“两湾一宅”新貌——中远两湾城

1998年12月21日，上海市内环线内规模最大、棚户简屋最集中的成片地块“两湾一宅”启动改造。

普陀是上海中心城区二级旧里以下房屋较集中的地区之一，住房困难和低收入家庭比例高，群众要求改造的呼声极为强烈。其中，包括潘家湾、潭子湾和王家宅三个地区的“两湾一宅”与邻近的朱家湾、药水弄合称为“三湾一弄”，更是有名的棚户区。历届市委、市政府领导高度关注“两湾一宅”改造，将其列入了“365”危棚简屋改造范围和市委、市政府重点工作。时任上海市市长徐匡迪将“两湾一宅”改造工程称为上海旧城改造的“淮海战役”。

为此，普陀区委、区政府将“两湾一宅”改造列为全区工作的重中之重，成立了改造开发指挥部，负责筹措改造资金和推进前期动拆迁工作；采取“政府组织、企业参与、各方面配合”的旧改模式，与中远（上海）置业发展有限公司进行合作开发。1998年8月启动拆迁工作，仅用10个月时间便完成了全部动拆迁任务。累计拆除各类危棚简屋37.64万平方米，安置居民8762户；拆除非居住房屋8.45万平方米；搬迁单位147家。创造了上海动迁投资最大、速度最快、面积最大、人口密度最高等多项历史纪录。

1999年7月，中远两湾城项目打下第一根桩。2006年2月，项目全面竣工。经过七年建设，这片存在了几十年的棚户区彻底消失了，展现在人们眼前的是一座现代化的生态居住园区“中远两湾城”。

药水弄改造

链接一

改革开放之初，普陀地处城郊接合部，区内危棚简屋和旧式里弄占全区居住房屋总量比重较高，亟待改造的危棚简屋体量大、分布广。由于财力有限，危棚简屋改造基本由政府、企业出资，采取“零星拆建”的方式，改造量极其有限。20世纪80年代，市政府集中规划全市23片棚户区改造，“三湾一弄”棚户区中的药水弄启动改造。药水弄地区房屋除少数为砖瓦平房外，大部分是草棚、简屋及矮小的“滚地龙”。弄内没有水电设施，没有下水道，到处是垃圾、臭水坑，居住条件极差。从1985年开始，药水弄开始了大规模改造。改造范围东至西康路，南至

◎ 改造后的药水弄地区

上棉一厂，西至苏州河，北至苏州河南岸，占地面积约 20 公顷，动迁居民 3600 余户，搬迁单位 75 家。改造后新建多层和高层住宅 24.16 万平方米，公建配套用房 1.53 万平方米，综合大楼 3.34 万平方米；延伸、拓宽了常德路、宜昌路和澳门路，新建了苏州河镇坪路桥，配建了多处绿化园地。昔日的药水弄棚户区成为苏州河南岸最大的新型住宅区。

链接二

「区区联手」合作改造平江地块

平江地块原称“平江会馆”，南靠交通路，北临中山北路，与闸北区隔彭越浦河相望，占地面积 8.97 公顷，居民 3449 户，人口 1.06 万人，单位 65 家。95% 以上的居民房屋是危棚简屋，地势低洼，雨季积水严重。1994 年 1 月，普陀区和黄浦区达成“区区联手”合作改造平江地块意向，并展开工程前期工作。至当年 12 月，全部完成地块内居民和单位的搬迁任务，累计拆除

◎ 改造后的平江地块

居住房屋 6.9 万平方米、非居住房屋 3.3 万平方米，实现当年签约、当年动迁、当年开工，创下全市旧区改造动迁速度之最。与此同时，征用桃浦新杨地区 18.76 公顷土地，建成 74 幢多层住宅，共计 188 单元、4336 套，总建筑面积 22.31 万平方米，用于平江地块动迁户的安置。1997 年 12 月，平江地块改造工程竣工，建成总建筑面积 30 万平方米的新住宅小区。

31 普陀进入城市轨交时代

◎ 行驶中的 3 号线

2000 年 12 月 26 日，上海地铁 3 号线一期工程（上海南站至江湾镇站）正式开通运营，标志着普陀区交通进入城市轨交时代。地铁 3 号线普陀段 4.9 公里，共设金沙江路站、曹杨路站、镇坪路站、中潭路站等四个站点。2005 年 12 月 31 日，地铁 4 号线“C 型段”开通，与已运营的地铁 3 号线共线运营。两条轨交线路的开通，改善了中山北路普陀段地面交通环境，为普陀居民出行提供了便利条件。

此后，随着上海轨交路网建设进一步加快，途经普陀区的轨交线路也增加至七条（包括在建的 14、15 号线）。除地铁 3、4 号线外，已建成运营的还有 7、11、13 号线三条。2009 年 12 月 5 日，地铁 7 号线开通运营，区内里程 4.5 公里，增强了普陀与静安、徐汇等中心城区以及上海西北地区的快速交通联系，缩短了交通出行时间。2009 年 12 月 31 日，地铁 11 号线开通运营，区内里程约 11 公里，使普陀与中心城区、浦东新区的交通更为便利。此后江苏昆山花桥站的开通，进一步提升了普陀参与长三角区域一体化发展的区位优势和交通条件。2012 年 12 月 30 日，地铁 13 号线运营，区内里程约 8.5 公里。13 号线的开通运营，极大地改善了金沙江路沿线交通，助力长风生态商务区和长征工业园的发展。

目前，贯通普陀区的轨交 14、15 号线已先后于 2014 年和 2016 年开工建设，将使普陀区新增轨交运营里程 15 公里，构架起区内轨交网络，给长寿、曹杨、真如、桃浦地区居民交通出行带来极大便捷的同时，对真如城市副中心、上海科技金融集聚区等重要地区的开发建设形成有力支撑，对区域经济社会健康快速发展起到巨大推动作用。

32 长寿绿地

◎ 长寿公园

2001年1月18日，被列为上海市政府重点实事工程之一的长寿绿地试开放。同年9月28日，长寿绿地正式对外开放。长寿绿地丰富了城市空间内容，完善了区域城市布局，有力地改善了区域内的环境质量和生态效益，创造了优美的景观效果，对周边地区的改造与商住业、文化娱乐业的兴起与发展产生了极大的推动力。

长寿绿地在2002年归入公园管理系统，改称“长寿公园”，为免票公园。长寿公园规模宏大、景观丰富，秉承民族传统文化精髓，吸收西洋园林景观设计精华，具有极佳的生态、景观效果，符合人们多元化、多层次的需求，在绿地环境景观中再现了自然，同时又在自然中体现了上海国际大都市的海派风韵。公园以植物造景为主体，体现生态与植物的多样性，绿化率大于70%，植物品种丰富，在绿化布置上，充分利用不同植物的季相变换特性，使长寿公园一年四季有绿，春、夏、秋、冬季季有花。全园穿插以活泼灵动、各式各样的水景，有喷泉、跌泉、跳跳泉等，带来了更多的变化和景观效果。

链接一

桃浦地区闪亮的「绿色明珠」：未来岛公园

未来岛公园初定名“真北公园”，地处真江北路南侧、祁连山路与绥德路交界处，居于上海“西大堂”普陀区桃浦镇未来岛物流高新技术园区的中心。公园于2000年12月底建成开放，是2000年度上海市政府实事项目之一。

公园被南何支线高架铁路和原有的经驳石、清淤改造的俞店铺河由东向西平行分割成三部分。公园以组合式多层林冠特征的乔木为骨架，选用了乡土和抗污染性强的榉树、女贞、棕榈、水杉以及广玉兰、雪松等树木为主体树种，并且引种了大叶樟、银木、金合欢等一些新品种树木。园内有综合楼、组合亭等建筑物。一条环形干道、小型广场和健身小路分布四周，供游客活动。活动空间强调了人与自然的和谐。这是一座集生态、保健、科普功能为一体的公园。

未来岛公园的建成，改善了桃浦地区的环境面貌，对未来岛物流高新技术园区

◎ 未来岛公园

的招商引资起到了积极的促进作用，同时也为周边居民的健身和休闲提供了一个良好的场所，是普陀区桃浦镇一颗闪亮的“绿色明珠”。

链接二

全市花境示范点：清涧公园

清涧公园位于万镇路东、金鼎路北，南侧为清涧大型景观林带。2003 年 8 月开工建设，2004 年 3 月建成，7 月对外开放，是金鼎路景观道路上大型绿地系统链的重要组成部分。公园根据地域情况特征，充分体现保健、休闲的特色功能，运用生态园林观，以藤本植物造景为主。公园景观丰富，拥有跌泉、水池、密林、山顶广场等不同观赏效果的区域。跌泉处是公园整个水系的源头，站在泉源观景亭内前可观看大草坪，后可欣

◎ 清涧公园

赏湖面水景。公园充分照顾到了游客游园的各种需要，十分注重文化性，体现科普宣传特色，引入健康、积极的活动方式，提升所处社区的文化层次。清涧公园内的园林建筑以中西合璧的手法、和谐的色调，营造了极具野趣特色的建筑形象。观景亭、汀步、石凳、石桌、水榭、小桥、构架、爬山廊、长廊等为游人提供了远离城市喧嚣的朴野活动空间，而无障碍厕所、残疾人坡道的设立也照顾到了所有的游客。清涧公园2006年荣获上海市“三星级公园”称号，该公园花境还连续多年获得市“五一”“十一”花境评比的第一名，被上海市绿化市容局推荐为示范点。

33 M50：沪上最早的文化创意园

◎ M50 创意园

2001 年，随着第一位艺术家将个人工作室进驻莫干山路 50 号，M50 创意园便逐渐名噪沪上。

坐落于苏州河南岸半岛地带的 M50 创意园，其前身是近代徽商周氏企业信和纱厂，后相继更名为“上海第十二毛纺织厂”“上海春明粗纺厂”，占地面积 36 亩，拥有自 20 世纪 30 年代至 90 年代各个历史时期的工业建筑约 41000 平方米。根据上海纺织业结构调整的需要，春明粗纺厂于 1999 年年底停止生产。2000 年起，通过都市型工业园区的建设和业态调整，逐步引进了以视觉艺术和创意设计为主体的艺术家工作室、文化艺术机构和设计企业。目前，园区已引进了包括英国、法国、意大利等在内的 20 多个国家和地区的约 170 个艺术家工作室以及画廊、各类设计机构，其中，70% 为画廊和艺术家工作室，20% 为设计公司，涵盖艺术、设计、创意、文化各领域。园区于 2005 年被评为上海首批创意产业集聚区，2007 年被评为上海优秀创意产业示范集聚区，2010 年被评为市级创意产业示范集聚区，2014 年被评为市级文化创意产业园，2015 年、2019 年被评为市级文化创意产业示范园。

作为上海最早的文化创意产业园，近年来，M50 对园区客户以及业态进行了战略性规划，有意选择在文化创意领域内有影响力的机构入驻园区，并对新客户的品质要求有了进一步的提升。2004 年，M50 被《TIME》杂志列为推荐前往的上海市文化地标之一。2007 年，M50 被国家旅游局批准为全国工业旅游示范点，中国浦东干部学院确定为现场教学基地。

谈家 28–文化信息商务港

链接一

谈家 28–文化信息商务港（简称“谈家 28”）是以信息技术（专注于新媒体）为专业方向的、以自有产权的写字楼为载体的民营国家级科技企业孵化器。园区建筑面积 3.3 万平方米，拥有内环内楼宇三座：谈家渡路 28 号盛泉大厦、曹杨路 500 号普陀科技大厦以及曹杨路 272 号。“谈家 28”实施“政府引导、民营投资、企业化运作”的管理模式，以实现“孵化内容全面化、服务团队技能化、企业链条协作化、产业效应聚合化”的全方位专业服务为目标，坚持打造“创业苗圃 + 孵化器 + 加速器 + 产业园”系列完善的科技创新创业孵化体系，大力开展基础设施、公共服务、创业培训、创业导

◎ 普陀区首家国家级科技企业孵化器——“谈家 28”

师、持股孵化等服务工作，逐步形成了新媒体、电子商务、软件开发、智能硬件等四个板块产业领域的集聚。园区自建成以来，先后被认定为国家级科技企业孵化器、上海市文化创意产业园、上海市创业孵化示范基地、上海市公共服务示范平台、上海市新型电子商务产业创新基地、上海市青年创业见习基地、普陀区创业孵化基地、普陀区残疾人创业孵化基地、普陀区职业教育创新实践基地等。

链接二

刘海粟美术馆分馆（普陀区美术馆）

刘海粟美术馆分馆（普陀区美术馆）成立于 2009 年，位于铜川路 1869 号，建筑面积约 4000 平方米，其中展厅面积约 1500 平方米。作为刘海粟美术馆唯一的分馆，致力于刘海粟艺术的研究和传播、上海青年美术的发展和推广；作为地区性美术馆，打造苏州河等特色文化品牌，突显个性，服务社区，践行文化惠民。美术馆以举办高质量艺术展览、收藏刘海粟作品

◎ 2015 年，刘海粟美术馆分馆（普陀区美术馆）新馆新展开幕仪式

等艺术精品、加强学术研究、发挥美术公共教育功能、加强艺术交流和传播为己任。开馆至今，美术馆共收藏书画摄影作品 2365 件、文献 92 件。收藏作品包含：刘海粟及上海美专师生作品、苏州河系列作品、俄罗斯油画作品、当代书画名家作品等。2019 年 1 月至 7 月，馆内共举办展览 11 场，共接待来馆参观的观众 3 万余人次，配合展览共制作出版画册 2 本，组织、策划 3 场学术研讨会及讲座活动。

34 上海首家社区党员服务中心

◎ 曹杨社区党员服务中心

2001 年 3 月 28 日，上海首家社区党员服务中心——曹杨社区党员服务中心在棠浦路 52 号建成揭牌。

作为申城第一个党员服务中心，曹杨社区党员服务中心虽然面积不大，但是成为上海在改革开放时代大潮中，党组织面向党员、面向社会、面向群众的第一个服务“窗口”，刻下了鲜明的时代印记。当时，曹杨街道共有 5955 名党员，下属 17 个党总支、93 个党支部。其中居民区党总支 13 个、党支部 7 个，“两新”组织党总支 3 个、党支部 26 个，机关党支部 4 个，离退休党支部 4 个。曹杨社区党员服务中心以加强社区党建、加强党员教育管理、加强党员队伍建设为宗旨，以创新的思维探索“以人为本”的党员教育管理理念，整合社区内各类党建资源，服务各级基层党组织和广大党员群众。

根据社区党建的特点，曹杨社区党员服务中心以“服务、管理、活动、教育培训”四大功能板块为抓手，围绕“服务为先、关爱党员群众”的理念，建章立制、延伸服务内涵、创新体制机制，使中心真正成为了解民情的窗口、倾听情感的场所、关怀党员的家园和凝心聚力的阵地。

链接一

机关干部赴非公企业挂职锻炼

2010 年 11 月，中共普陀区委立足非公有制企业党建工作实际，着眼干部队伍建设需要，决定选派机关干部到非公有制企业挂职从事党建工作，并确定了“党建工作上水平、企业发展增动力、挂职干部受锻炼、人才培养探新路”的工作目标。此项工作得到了时任中共中央政治局委员、中央书记处书记、中央组织部部长李源潮的批示和肯定。2012 年 3 月 21 日，中央召开全国非公有制企业党的建设工作会议，该项工作经验入选大会书面交流材料。自 2011 年开展第一批机关干部赴非公企业挂职锻炼以来，普陀区已经选派 6 批 41 名机关干部到非公企业全脱产担任企业党组织书记助理，先后覆盖到 38 家非公企业，有效搭建起非公企业与党和政府之间沟通的桥梁，受到了企业的欢迎和认可。如今，此项工作已作为普陀区“两新”党建的一项长效机制，在加强非公有制企业党建工作、促进非公企业健康发展、

◎ 机关干部赴非公企业挂职锻炼工作现场会

拓宽干部培养途径、加强非公领域与政府沟通交流等方面都取得了较好的成效。

楼长制

链接二

长寿路街道紧扣“服务是普陀第一资源”的理念，紧贴打造“上海服务”品牌的要求，从2018年起探索实施“楼长制”服务楼宇（园区）。一是从“零敲碎打”提升为“整体布局”。48栋（个）楼宇（园区）由党政领导和8名处级领导担任总楼长和楼长，推出“1+4+X”工作措施，完善“一长四员（安全保障员、市场监管员、党建联络员、企业服务员）”职责分工、“两清单一目录”服务手册，健全“联络走访—问题发现—协调解决—跟踪服务”等闭环管理机制，形成“一楼一册、一企一档”。二是从“单兵作战”提升为“组团服务”。建立市场、税务、公安、商务等联动机制，实行楼宇服务轮值制，开设“楼长学校”定期开展定向培训，通过窗口前移、服务覆盖、工作统筹、系统集成，加大党组织、政府部门、企业“三位一体”建设。三是从“定

◎ 楼长制“四大员”组团服务企业

向服务”优化为“多点开花”。打造一批富有时代特征、楼宇特点、企业特色的实体党建阵地；推出“大堂音乐荟”“悦读者读书分享会”等符合年轻人喜好的特色党建品牌项目；探索市场化参与运营、党建公益合作方式，试点开设无人超市，缓解早餐难、买菜难等问题；建立“多元化”党建联盟，通过党组织把楼宇（园区）产权方、物业方、企业方以及党员、白领联结起来，做到服务资源、场地资源、信息资源与企业需求精准对接。

35 上海首个社区民间组织服务中心

◎ 长寿路街道民间组织服务中心成立暨揭牌仪式

2002 年 8 月 27 日，上海市首个社区民间组织服务中心——长寿路街道民间组织服务中心成立，探索民间组织自我管理、自我服务、自我教育的新途径。

作为民间组织服务与管理的枢纽和培育民间组织的“孵化器”，服务中心以“党建全覆盖、管理全过程、服务全方位”为工作要求，创建了民间组织党建的组织载体、服务载体和活动载体。以民间组织服务中心为平台，承接政府转移职能，对社区内的社会组织实行枢纽式管理，积极培育和发展各类社会组织，引导其参与和谐社区建设，为保障和改善民生作出积极贡献。

根据上海市、普陀区社团局的统一部署，2015 年 7 月，长寿路街道民间组织服务中心正式更名为“长寿社会组织服务中心”。服务中心成立 17 年来，不断承接政府转移职能，开展民非单位、家庭收养调查评估工作，建立社区民间组织预警网络；对社区群众活动团队实行备案登记；发挥“孵化器”作用，对社会组织的不同类型进行有针对性的扶持、培育、指导；不断探索在社会发展过程中兴建和规范发展各类新型社会组织的有效路径。社会组织服务中心充分发挥党建工作的支撑平台、孵化社团的发展平台、惠及百姓的服务平台、整合资源的合作平台、购买服务的承载平台和监督预警的信息平台等六大平台作用，成为“社会服务的枢纽站、党与群众的连心桥”。

社会组织服务中心先后被评为“全国先进民间组织”和“中国 AAAAA 级社会组织”，荣获“第四届中国地方政府创新奖”“全国社会组织深入学习实践科学发展观活动先进单位”“首届上海慈善奖”等荣誉。

长寿社会组织联合会

链接

近年来，普陀区长寿社会组织数量不断增加，功能不断丰富，队伍日趋庞大。为进一步凝聚社会公益力量，培养公益领袖人才，建设社会组织信息交流、学习互通的平台，2016 年 7 月，长寿辖区内十几家社会组织共同发起成立了长寿社会组织联合会。联合会以党建为引领，创新构建社区、社会组织、社会组织联合会的“三社”联动机制，增加了社会组织间横向沟通、交流，促进了社会组织间凝聚力的提升，为促进社会组织自律自治、资源共享、健康发展提

◎ 长寿社会组织联合会成立

供了良好的条件。

2016 年 12 月，联合会成立了党总支。通过开展党员活动，搭建党建阵地，寓枢纽型党建工作的有效性于凝聚力建设之中，加强引领管理，促进社会组织参与社区共建。目前，党总支下设 20 个党组织，包括 14 个独立支部、6 个联合支部。总支将继续发挥“黏合”属性，进一步覆盖、联动、凝聚、引导社会组织强化功能、塑造品牌、自律自治、造血共生，打造社会组织党建 3.0 版。

在此基础上，联合会不断深化探索社会组织参与社区治理的新模式，创新打造长寿“公 E 家”手机端线上对接平台，进一步提升社区智能化管理水平，加快信息传递速率，宣传推广公益理念，从根本上缩短供需链接，培育社会组织的社会责任感，调动广大会员单位的积极性和创造性。通过联合会的凝聚作用，塑造其公益伙伴的良好形象，在组织与政府、组织与社会、组织与组织之间搭建融合通道和互惠平台。

36 上海首家“爱心慈善超市”：长寿路街道爱心超市

◎ 2004 年 2 月 10 日，普陀区长寿路街道爱心超市开业

2004 年 2 月 10 日，普陀区长寿路街道爱心超市隆重开业，成为全市首家由民间组织运作，集社会捐助接收、日用百货经营、困难群体救助等多种功能于一体的“慈善超市”。这种“政府购买服务、民间组织运作、契约化管理”的运作模式陆续在全区得到推广，并统一命名为“慈善超市”。

说到慈善超市的诞生，还得追溯到 2002 年。当年 10 月，普陀区曹杨新村街道探索建立了具有经常性社会捐助接收功能的“衣被银行”。顾名思义，“衣被银行”就是衣被等家用物品的储蓄库，市民们将七八成新的闲置物品捐给“银行”，由“银行”工作人员统一调配，救助经济困难人群或发往贫困地区。在总结“衣被银行”经验的基础上，2004 年，长寿路街道建立了全市第一家“爱心超市”，除了原先“衣被银行”收集的衣被等日用品外，还将收集物品范围扩大至小家电、米面粮油、文具等。超市货品来源渠道得到了拓宽，除市民捐赠之外，还通过引入企业捐赠设立专柜、各渠道低价进货等模式，形成了一批长期稳定的供货商，确保了捐赠物资源源不断地进入慈善超市。

长寿路街道爱心超市成立至今，已募集善款 900 多万元（含物资价值），发放爱心卡 2100 多本，发放爱心领用券 30000 余张，救助社区困难群众 5 万多人次，救助金额 400 多万元。另外，长期运作“爱心菜”项目，为 40 户行动不便的困难家庭每周送上 70 元的爱心菜，逢年过节增加到 140 元。项目运作以来，累计赠送爱心菜价值 100 多万元。

链接

「蓝天下的至爱」——大型募捐和文艺演出活动

“蓝天下的至爱”慈善系列活动自 1994 年至 2019 年，已举办了 25 届。2001 年开始，普陀区“蓝天下的至爱”品牌慈善系列活动固定在每年 12 月至次年 1 月开展，为期一个月。2006 年 1 月 22 日，普陀区作为上海市慈善基金会“蓝天下的至爱”慈善系列活动的全市主会场，在长寿绿地举办了“蓝天下的至爱——万人捐、帮万家，让特困家庭过好年”普陀区主会场大型募捐和文艺演出活动，筹集善款 700 余万元，大大突破了历年的捐款数额。

◎ 2006年1月22日，“蓝天下的至爱——万人捐、帮万家，让特困家庭过好年”普陀区主会场大型募捐和文艺演出活动在长寿绿地举办

“蓝天下的至爱”慈善募捐活动现已成为普陀慈善工作的一个重要传统项目。在这一个月里，通过社区宣传、组织活动、发动居民、上门劝募等多种形式，汇聚社会爱心、传播慈善文化，弘扬社会正能量。“蓝天下的至爱”活动筹集的爱心善款来自普陀区的方方面面，公司企业、机关单位、社区居民都在这一个月中积极捐款。居委会在12月及时贴出宣传布告，居民们就知道“蓝天下的至爱”捐款要开始了，这成了普陀慈善人和社区居民们一个不成文的约定，献出一份爱心，在大红喜报上写上自己的名字，把个人的爱心和普陀的慈善事业紧紧联系在一起。每年“蓝天下的至爱”募捐活动所募集的资金均安排在下一年开展各类助困、助学、助残、助医、公益等项目，秉持上海市慈善基金会“安老、扶幼、助学、济困”的宗旨，不断夯实普陀区慈善公益事业的基础，着力推进慈善文化的传播，为促进普陀区社会文明的进步贡献力量。

37 全国第一批社区级健身活动中心示范性工程：上海长征全民健身活动中心

◎ 上海长征全民健身活动中心

2004年7月20日，清峪路385号门口人头攒动，热闹非凡。功能完善、项目齐全、健康向上、富有时代气息的上海长征全民健身活动中心正式落成揭牌。

上海长征全民健身活动中心由国家体育总局体育彩票公益资金、上海市体育局、普陀区人民政府和长征镇人民政府共同投资兴建，是全国第一批社区级健身活动中心示范性工程之一，也是上海市首家社区级高品质、大众化的全民健身活动场所。这是普陀区长征镇在完成社区健身苑（点）建设之后的又一项民心实事工程。

上海长征全民健身活动中心占地面积约7900平方米，建筑面积达8800平方米（其中地下车库1600平方米），是一座规模较大，设施功能较全，适宜社区各种不同层次群体健康咨询、体育健身、休闲娱乐等需要的社区级体育健身活动场所。

上海长征全民健身活动中心采用局域网连接、智能化管理、市场化运作、大众化消费，这充分体现了“中心”的先进管理理念和正确的目标定位。“中心”以极大的热忱，为社区体育爱好者提供细致周到的服务，迎接每一位宾客的到来。

链接

上海首条社区试点便民线路：1230路公交车

2015年9月15日，上海首条社区试点便民线路1230路公交车开通试运营。1230路公交车开通是解决桃浦新村居民出行“最后一公里”的有效举措。随着轨道交通11号线桃浦新村站的开通运营和区域内商业布局的扩大，桃浦新村地区交通压力逐步显现，既有公交线路存在服务盲区，导致部分群众出行困难。2015年，普陀区政府积极回应群众呼声，把开通便民公交列为当年为群众办实事的重要事项之一。为推进便民公交线路开通，桃浦镇注册设立了上海市首家由地方基层政府出资的客运企业——上海智迅客运有限公司，委托其负责公交1230路的前期筹建及运营管理。2015年，便民巴士开通初期投入运营巴士4辆；2016年，增加到6辆。便民巴士沿途经过真南菜场、地铁站、社区医院、大型超市及桃浦新村区域内多数居民小区，设置固定站点9个、扬招站点12个，首班车6时30分，末班车21时30分，每班车间隔仅10分钟不到。班车配有公共交通一卡通POS机，票价纳入本市“最后一公里”线路执

◎ 2015 年 9 月 15 日上午，上海首条社区试点便民线路 1230 路公交车开通

行，仅需 1 元，换乘乘客凭公共交通卡可享受免费政策。1230 路社区公交车的开通，有效解决了桃浦新村地区居民出行“最后一公里”问题，受到广泛好评。

38 “飞人”刘翔奥运摘金

◎ 2006 年，刘翔在瑞士洛桑田径超级大奖赛上，以 12 秒 88 的成绩打破世界纪录夺冠

2004年8月28日，由普陀区培养输送的优秀田径运动员刘翔在第28届雅典奥运会上以12秒91的优异成绩获得田径男子110米栏金牌，打破奥运会纪录、追平该项目的世界纪录，成为世界瞩目的“飞人”。此后，刘翔又在2006年瑞士洛桑田径超级大奖赛上，以12秒88的成绩打破了保持13年的世界纪录夺冠。

田径是普陀区的传统体育项目，已深入普陀市民日常生活。每年元旦举行的全区群众性迎新长跑活动，已有30多年的历史。多年来，“田径之乡”普陀区为国家田径事业输送了大量人才。刘翔，正是一个典型代表。

1993年，刘翔被普陀区田径教练顾宝刚相中，选入普陀区少体校，主练跳高，辅练100米短跑等项目，开始了职业运动生涯。1996年，刘翔进入上海体育运动技术学院。1999年，被招入上海市田径队，成为一名专业田径运动员，开始跨栏系统训练。经过长期刻苦的专业训练，刘翔凭借着出色的运动条件，成为中国体育田径史上、也是亚洲田径史上第一个集奥运会冠军、室内室外世锦赛冠军、国际田联大奖赛总决赛冠军、世界纪录保持者多项荣誉于一身的运动员。

叱咤绿茵场的女子足球队

链接

普陀女足团队在青少年业余运动员培养方面，成绩斐然。成立至今，已为国家队输送运动员22人次，输送至一线专业队35人，输送至二线运动队156人。其中，最广为人知的女足运动员还属赵丽娜、张颖和季婷。除了专业队员外，普陀培养的女足队员们输送大学50多人，就读高校不乏复旦大学、东南大学、华东师范大学等名校，文化成绩和运动成绩双丰收是普陀女足体教结合25年最好的缩影。普陀女足项目建设起始于1993年，打造了以金沙江路小学女足为基础、梅陇中学女足为“龙身”、曹杨二中女足为“龙头”的“一条龙”训练模式，并成为上海市体教结合工作的典型。2018年1月，成为首批中国足协青少年女足训练中心。普陀女足教研组获2015年上海市“巾帼文明岗”称号、2013—2016年全国体育系统先进集体。尤为值

◎ 中国（上海）足球产业国际论坛期间普陀女足叱咤球场

得一提的是，2017 年 8 月，普陀区青少年业余足球学校女足教研组被国家体育总局评为第六届全国体育系统先进集体，女足教研组组长钱惠作为先进集体代表赴天津参加表彰活动，她还先后荣获上海市“十佳教练员”、全国“精英双百教练员”等荣誉称号。

39 上海天地软件园

◎ 上海天地软件园

2004 年 11 月，位于中江路 879 号的上海天地软件园正式开园。天地软件园拥有 26 幢花园式标准厂房、2 幢商务楼宇，建筑面积 16 万平方米，是上海“西大堂”上首块以软件产业和现代信息服务业为主题的高科技产业园区，现已初步形成了以嵌入式软件和系统集成、行业应用软件、软件外包、创意产业、半导体照明（LED）、电子商务等为主的六大特色产业领域。

天地软件园开发建设以来，引进了包括阿里影业、淘票票、联瑞影业、世像传媒等互联网影视企业；引进培育了 UNITY 大中华区总部、掌趣科技、波克城市、奥飞游戏等知名移动游戏企业；在新媒体领域，培育了天擎科技、数虎图像、炫伍数字、旺翔传媒、明堂文化等众多行业内知名文化企业；软件和信息服务企业，如帝联科技，在内容分发、网络优化等方面为爱奇艺、优酷等视频网站、社交媒体网站等提供技术支持。2010 年，天地软件园被国家文化部评为“国家文化产业示范基地”。2015 年，天地软件园被评为“上海品牌园区”。

依托市级创意产业集聚区——天地园和上海市电子商务创业园两个子园的建立，在创意产业、电子商务领域吸引了一批相关企业入驻，形成了一定的产业集聚效应。天地软件园作为普陀区的软件产业基地，已被正式推荐申报上海市市级软件园，这对于推进普陀区的信息化建设发展步伐、以信息化带动工业化和现代服务业、提升区域产业能级，将起到极为重要的作用。

长征工业园区

链接

长征工业园区地处普陀区西南角，东至真北路中环线，南至苏州河，西至祁连山南路，北至金沙江路，区域面积 1.79 平方公里。园区紧邻中环高架金沙江路出口，北距沪宁高速 1 公里，南距虹桥交通枢纽 6 公里，东离内环线高架 1.8 公里，西至外环线 1.2 公里，地铁 13 号线在园区内设有两个站点，经过园区的公交线路达 10 多条，交通十分便捷。

上海长征工业园区对外经济往来的职能主体是上海中环国际中小企业总部社区投资有限公司（简称“上海中环国际公司”）。公司负责长征工业园区的整体规划、开发建设和经营管理，同时还承担园区党群工作职能。公司位于同普路 1130 弄 7

◎ 长征工业园区

号，现拥有标准厂房12幢，建筑面积4.06万平方米。上海中环国际公司于2009年被上海市经信委列为全市首批19家生产性服务业功能区之一。

长征工业园区开园20年来，累计产值达700亿元，上缴税收超61亿元。目前，园区入驻有农工商集团、华明集团、仕泰隆集团、浙商实业集团等5家总部企业，18家企业被认定为高新技术企业，高新技术企业产值占园区总产值的比重为11%。此外，园区吸引了59家"四新"企业入驻。

40 “长风杯”新上海人歌手大赛

◎ 苏州河文化艺术节“长风杯”新上海人歌手大赛

自2006年创办以来，“长风杯”新上海人歌手大赛已成为中国上海国际艺术节的重要赛事，成为上海群众文化活动的品牌项目，成为上海市民文化节的歌唱盛会。“长风杯”新上海人歌手大赛起始于普陀区长风新村街道，至今已成功举办12届，有效地促进了地域文化的交流与融合。

“长风杯”新上海人歌手大赛坚定不渝地弘扬主旋律、增强正能量，致力于培育和践行社会主义核心价值观。用歌唱艺术的表现形式展示新上海人的风采、抒发其心声，用文化的力量推动城市的文明、和谐与发展，体现了上海“海纳百川，追求卓越，开明睿智，大气谦和”的城市精神，充分发挥了垂范、引导、鼓舞、激励的主力军作用。活动举办以来，受到了广大新上海人的欢迎、社会各界的关注、主流媒体的争相报道，取得了较好的社会效益。

2007年、2008年、2009年，“长风杯”新上海人歌手大赛连年荣获中国上海国际艺术节优秀项目奖、上海市群众文化优秀活动项目奖。2013年，被中国文化部评为“群星奖”优秀项目。2015年，被市委宣传部授予“上海市群众喜爱的培育和践行社会主义核心价值观项目”荣誉称号。它为来自五湖四海的新上海人搭建了一个展示风采、璀璨人生的竞秀舞台，为倾力追求卓越的上海市民提供了一道脍炙人口、回味无穷的音乐大餐，为上海国际艺术节和市民文化节增添了一幅美不胜收、目不暇接的绚丽画卷。

宜川社区戏曲节

链接一

普陀区宜川戏曲节是以各类主流戏曲为主题的综合性文化活动，具有传承性、社区性、公益性的特点。首届宜川戏曲节于2002年举行，2005年纳入上海国际艺术节“天天演”系列活动，2007年列入苏州河文化艺术节重点内容。为打造宜川戏曲节文化品牌，宜川路街道先后与上海京、昆、越、沪、淮剧院（团）、上海人民广播电台戏剧曲艺广播、上海广播电台东方卫视中心公益媒体群“百姓戏台”栏目、上海东方宣传教育服务中心、宜川路街道商会等单位共建，邀请尚长荣、马莉莉、茅善玉、钱惠丽、梁伟平、谷好好等戏曲名家担任普陀区“戏曲文化大使”。宜川戏曲节先后走进上海兰心大戏院、上海电视台演播厅、豫园、南京路步行街世纪广场舞台等市级舞台，成为传承、交流戏曲文化的盛会。近年来，

◎ 宜川戏曲节

随着社区自治的多元发展，宜川戏曲节引入社会组织开展活动，形成“人人参与戏曲节，人人享受戏曲节”的氛围，在提高戏曲业余爱好者艺术水准的同时，有效提升了宜川及周边地区群众文化活动的影响力，充分展现了社区文化发展蓬勃向上的新风貌，进一步推进了中华传统戏曲文化的传承。

链接二

长风新村街道手杖健身操

长风新村街道手杖健身操发源于 2003 年，由复旦大学刘健教授针对男性中老年创编，以手杖为活动器械，通过舞动手杖，科学、全面地锻炼身体，一经推出即受到广大中老年朋友的关注和欢迎。经过创编与发展，长风手杖操目前已经有 4 套规定套路，并在部分省市推广开来。近年来，长风新村街道举办了多次全国邀请赛和市级比赛，开办 4 次全国手杖操培训班，

◎ 手杖健身操

吸引了 7 省市 38 个地区的体育团队参加。手杖健身操多次成为全国和上海市大型赛事、文艺活动的表演项目，曾多次被列为上海市运动会、上海市老年人运动会的竞赛项目。2012 年，长风手杖操队代表上海市参加了由国家体育总局、中央文明办、中央电视台等共同举办的第四届全国体育进社区优秀健身项目展演和交流活动，荣获“全国老年人健身活动展示大会最佳特色奖”“全国社区教育特色课程奖”“上海市第九届老年人运动会创新项目奖”等荣誉。中央电视台“新闻联播”节目、中央电视台中文国际频道“中华医学”栏目、上海电视台“我退休了”栏目曾先后对长风手杖健身操队进行过专访。2018 年，长风手杖操队应邀与“神秘巨星”阿米尔·汗共舞，参与了“春满东方——春节联欢晚会”的录制。

41 普陀区成立全国首家医患纠纷人民调解委员会

◎ 普陀区医患纠纷人民调解委员会新址启用仪式

2006年4月28日，普陀区成立全国首家医患纠纷人民调解委员会（简称“区医调委”）。为及时化解矛盾纠纷、构建和谐医患关系，普陀区司法局与区卫生局经过一年多时间的考察论证，成立了区医调委，成为继医患和解、行政调解、司法诉讼之外的第四种解决方式，为医患双方搭建起化解纠纷的有效平台。

区医调委由政府出资，聘请法律、医疗界专家组成，负责调处区内医疗机构与患者在就医过程中发生的纠纷。区医调委下设人民调解工作室，负责日常的医患纠纷调处和法律咨询、法制宣传等工作。同时，区医调委注重理念创新，积极探索，与辖区医院、区卫生行政部门、市医疗保险理赔中心建立“多向联动”机制，推进医调委向纵深发展。

2006年以来，区医调委成功调处各类医患纠纷1000余起，收到患方感谢锦旗和表扬信近百件，调解成功率和满意度持续提高，实现了法律效果和社会效果的统一。区医调委、人民调解员先后获得“全国模范人民调解委员会”“上海市司法行政工作先进集体”“全国人民调解能手”“上海市优秀人民调解委员会”等荣誉。全国综治委、司法部、卫生部、市委政法委等部门领导先后来普陀区调研；医患纠纷人民调解的“普陀品牌”逐步形成，相继被央视、上海文广、《解放日报》《文汇报》等几十家媒体报道。

42 普陀区非物质文化遗产

◎ 江南丝竹

2006年5月，江南丝竹被国务院公布为第一批国家级非物质文化遗产名录项目。2007年，被公布为第一批上海市非物质文化遗产代表性项目。普陀与闵行、长宁、杨浦等多个区县共享江南丝竹这一非遗项目，并作为江南丝竹市级项目保护单位之一。

普陀区所在区域经千百年历史沉淀，积累了深厚的历史人文底蕴，留下许多独具魅力、依靠“口传心授”代代传承的非物质文化遗产。至2017年，普陀区已拥有市级非遗项目10项，区级项目13项，共计23项；认定市级非遗项目代表性传承人11位，区级非遗项目代表性传承人15位，共计26位；认定非遗保护传承基地18家。此外，普陀区还有“皮影戏”“麦秆画”“少林大红拳”等众多的非物质文化遗产资源。

普陀区的非物质文化遗产项目，一是具有显著的地域特色，如真如羊肉加工技艺、真如庙会、赵家花园菊花种植技艺、卢式心意拳和江南丝竹等；二是与苏州河工业文明关系密切，如钱币生产的手工雕刻技艺和悦来芳食品制作工艺；三是云集了多位著名艺术家和市级工艺美术大师作为项目代表性传承人，如海派瓷艺项目代表性传承人陈家冷、海派玉雕（水晶雕刻）项目代表性传承人沈德盛、石雕项目代表性传承人刘恩同和竹簧项目代表性传承人曹平等；四是拥有风格独特的宗教音乐类非物质文化遗产，上海玉佛禅寺传统梵呗艺术，作为一项拥有独特风格的宗教音乐类非物质文化遗产，在全市范围内独树一帜。

链接

钱币生产的手工雕刻技艺

中国古代钱币文化源远流长，主要采用浇铸工艺铸币，即将熔化后的金属注入钱币形状的模具中，凝固后形成钱币。手工雕刻模具技术则起源于两千多年前的欧洲。清末民初，中国雕刻师逐渐将中国传统雕琢技艺与西方手工雕刻技术相结合，发展出自己的雕刻手法。始建于1920年的中央造币厂，汇集了全国大量的雕刻人才，形成了独具特色的钱币雕刻技艺。手工雕刻技艺是指用凿子等工具在钢模上雕出图案及文字，与机器雕刻模具相比，其图案细腻、个性强烈，从而更具防伪性。钱币生产的手工雕刻技

◎ 钱币生产的手工雕刻技艺

艺于 2007 年先后入选第一批普陀区非物质文化遗产名录和第一批上海市非物质文化遗产名录。

43 苏州河论坛

◎ 首届“苏州河论坛”

2007 年 5 月 21 日，十二届普陀区政协与华东师范大学联合举办了首届“苏州河论坛”。从那一年起，普陀区政协就以苏州河为名，每年举办论坛，围绕传承苏州河历史文化、推进沿线开发建设，乃至普陀经济社会发展，积极营造氛围、汇智聚力。

2007 年，普陀区政协主席班子在深入调研中认识到苏州河对于普陀区域发展的重要意义。苏州河普陀段孕育了悠久的文化，不仅在中国近代工业文明史上留下了浓墨重彩的一笔，在中国工人运动史上也具有非常重要的地位。在普陀新一轮发展中，如何打响苏州河品牌、为普陀发展造势？政协在其中又该如何着力？经过反复研讨，举办“苏州河论坛”的思路渐渐跃然于纸上，逐步形成了筹办“苏州河论坛”的方案，论坛主题最终定名为“苏州河水岸文化发展论坛”。

第一届“苏州河论坛”聚焦水岸经济发展，完全契合了时任上海市委书记习近平到普陀调研时提出的着力发展“水岸经济”的指示。论坛结束后不久，普陀区成立了苏州河环境景观建设及综合整治工作领导小组办公室，苏州河沿线整体开发建设力度和强度得到进一步增强。

此后，普陀区政协每年举办“苏州河论坛”，论坛也从最初聚焦苏州河文化发展的专业性论坛，逐步拓展为涵盖区域发展各领域的综合性论坛，成为社会各界人士关心普陀、支持普陀的重要议政平台。

苏州河龙舟赛

链接一

20 世纪 80 年代末，上海市委、市政府启动了浩大的苏州河环境综合整治工程。经过长期的不懈努力，苏州河综合治理取得了显著成效，生态环境得到了持续改善和提升，水变清了，岸变绿了。这历史性的巨变，让普陀人萌生了一个大胆的创意：在苏州河上举办龙舟赛。

2001 年 9 月，上海市体育局和普陀区政府、静安区政府联合举办了“半岛杯”首届上海苏州河龙舟赛，开创了苏州河历史上举办大型水上体育项目的先河。为凸显城市个性、城市人群和城市河道条件等特点，普陀人赋予了苏州河龙舟运动新的内涵和名称——“城市龙舟”。

在此之后，上海苏州河城市龙舟国际邀请赛作为普陀区原创体育景观赛事，每年端午前后在苏州河中远两湾城-梦清园水域举行，至 2019 年已连续举办 16 届。

◎ 2001 年“半岛杯”首届上海苏州河龙舟赛

2013 年，普陀区与中国龙舟协会签约，开始承办代表中国龙舟最高竞技水平的赛事之一中国龙舟公开赛（上海・普陀站），至 2019 年该项赛事也已连续承办了 7 年。普陀区苏州河龙舟赛已经成为展现普陀风貌、促进城市交流、推动生态文明建设、传承中华民族灿烂文化的著名端午节庆品牌赛事，深受国际、国内各大城市龙舟队的青睐和市民的喜爱。

链接二

首届苏州河文化艺术节

2007 年，普陀区在全市首创以苏州河为主题的苏州河文化艺术节。经过数年的磨砺和锻造，苏州河文化艺术节现已成为中国上海国际艺术节的“节中节”，是上海市乃至长三角地区的一项特色文化品牌。

苏州河文化艺术节以群文演出、文艺赛事、读书活动、文化论坛、展览展示等形式，集中反映苏州河文化建设成果，展

◎ 2007 年首届苏州河文化艺术节

示百年人文积淀，年均参与者达 30 万余人次。文化艺术节重点项目“新上海人”歌手大赛、“苏州河文化论坛”“图书漂流”“公益电影进社区”等活动皆为全市首创，在全市、长三角地区乃至全国均有较大影响，多个项目获得市、区奖项。

2007 年 10 月 13 日至 11 月 16 日，首届普陀文化艺术节“欢乐社区”群众文艺“天天演”先后在长寿绿地文化广场、宜川戏曲广场等文化广场举行，共举行 15 场广场演出，充分展示了普陀区各行业、各街镇的文化建设成就。艺术节期间，第九届中国上海国际艺术节——“我们的家园”群文综合艺术成果展演在长寿绿地广场缤纷演出，浦东新区、黄浦区、静安区、徐汇区等 19 个区县和中福会少年宫献演精彩节目，浓郁色彩、欢乐景象，成为艺术节的亮点。

44 复星国际在港交所上市

◎ 2007 年，复星国际在港交所上市

2007年7月16日，复星国际在香港联交所挂牌上市，融资128亿港元，成为当年香港联交所第三大首次公开募股。

作为在普陀成长发展起来的上海第一家民营高科技企业，上海复星高科技（集团）有限公司于20世纪90年代引领了一批民营科技企业从普陀崛起。在普陀区政府的扶持和帮助下，复星迅速发展成为中国最大的综合类民营企业集团之一，业务涉及医药、零售、地产、金融、投资、钢铁等多个产业。

在香港整体上市以后，复星首次踏入国际资本市场，在接受全球投资者检验的同时，也进入了全球化的发展轨道。基于对中国经济发展周期的深刻理解和多元化产业资源上的丰富积累，复星借力中国消费市场的崛起，把海外的优质品牌和产品“引回来”，不断发展中国市场，实现产业“弯道超车”，打造具备世界竞争力的品牌和产品。

如今，复星在全球超过50个国家实施产业运营与投资，围绕家庭健康、快乐、富足三大核心需求，控股或参股超过30个国际品牌，为全球客户提供一站式的家庭幸福解决方案。改革开放的历史进程赋予企业发展的时代机遇，普陀则为民营经济提供了开放的环境和适合产业深耕的沃土。自1992年成立，直至产业全球化高速发展的今天，复星始终重视与普陀的互动、交流与融合，数十年来携手共进。

链接一

上海致达科技（集团）股份有限公司揭牌

1999年3月18日，由上海市科学技术委员会、普陀区政府、上海致达科技（集团）股份有限公司共同主办的“上海市民营科技企业发展研讨会暨上海致达科技（集团）股份有限公司揭牌仪式”召开。彼时的致达科技集团本着“致力于民族科技之发达”的宗旨，在计算机系统、电脑软件、IT集成等领域不断开拓发展，在资本经营上通过成功收购上市公司“株洲庆云”实现向资本市场的融资。历经20多年的创新发展，致达科技集团已成为横跨建设路桥、工业投资、金融投资、商贸事业、教育培训五大产业板块，拥有两个科技产业园（致达宝山科技产业园、致达启东安防产业园）、两所高等院校及近30家企业的大型民营投资控股型集团，集团员工近万名，总资产规模近200亿元，年主营业务收入连续5年超百亿

◎ 1999 年 3 月 18 日，普陀区民营科技企业上海致达科技（集团）股份有限公司揭牌

元，跻身中国制造业企业 500 强、中国民营企业 500 强、中国建筑业 500 强，列上海市百强企业第 60 位、上海民营百强企业第 18 位。集团以“致高、致强、达天下”的企业精神引领员工价值、企业价值与社会价值相融共生，先后成立了中华儿慈会助学西部专项基金、上海市慈善基金会致达慈善公益基金，累计捐款近 4000 万元。

链接二

全国「改革开放 40 年百名杰出民营企业家」汤亮

2018 年 10 月，普陀区民营科技企业家，奥盛集团董事长汤亮入选全国“改革开放 40 年百名杰出民营企业家”榜单。

普陀区是中国民营经济的重镇。早在 20 多年前，普陀区就以“民营经济兴区战略”吸引了许多优秀民营企业注册入驻。创业之初，汤亮针对国内预应力材料依赖进口的现状，组织团队研发预应力材料，成功填补国内制造预

◎ 奥盛集团董事长汤亮（左二）入选全国“改革开放 40 年百名杰出民营企业家”榜单

应力材料的空白，产品应用于江阴长江大桥、秦山核电站、三峡水利工程等一大批全国重点工程项目。目前，奥盛集团已成为以桥梁缆索制造产业链为核心的综合性企业集团，获得重大科技成果 13 项，包括国家科技成果一等奖 2 个、二等奖 1 个，拥有 123 项发明专利，连续多年位列中国制造业企业 500 强和中国民营企业 500 强，参建完成国内外大型地标性工程 120 个，为全球 800 多座大桥提供了缆索结构，占全球特大型悬索桥、斜拉桥的缆索市场近一半份额。在国际大桥缆索行业中，是代表“中国创造”和“上海制造”的标杆企业。

45 普陀宝祥小额贷款有限公司开业

◎ 上海普陀宝祥小额贷款有限公司开业典礼

2009 年 1 月 23 日，上海中心城区首家小额贷款公司——普陀宝祥小额贷款有限公司举行开业典礼，开启了中心城区民营企业投资金融业的先河。

普陀区中小企业较多，有相当多的企业不能满足银行贷款和政府信用担保的条件，难以获得发展所需资金。成立小额贷款公司，主要向普陀区中小企业提供一个新的融资渠道，进一步缓解中小企业资金周转压力，推动中小企业的迅速发展。作为扶持中小企业发展的重要举措之一，普陀区委、区政府高度重视小额贷款公司试点推进工作。

以上海宏泉集团有限公司为主发起人的上海普陀宝祥小额贷款有限公司是上海市中心城区首批获得设立批准的小额贷款公司，注册资本 5000 万元，开业当天就和普陀区的三家中小企业签订了总金额 230 万元的借贷合同。作为高科技企业的上海久洋建设科技工程有限公司当天就从普陀宝祥小额贷款公司获得了 150 万元的流动资金贷款，为该公司承接的项目提供了有力的支持。宝祥小额贷款公司在支持普陀区中小企业发展的过程中，不断加大力度，大力支持区域企业，不收取咨询费、手续费，采取按月收息、到期还本的方式，鼓励客户提前还款，减少贷款压力，增加贷款流动性。

上海票据交换中心

链接

上海票据交换中心设立于 1996 年 2 月，是中国人民银行上海总部直属的国有独资企业，主要从事银行票据交换、清分，银行票据数据统计分析处理，金融信息系统软硬件建设及服务。中心设立时注册地址在浦东新区，2006 年初迁入普陀区真光路 1581 号，税务登记证地址仍属浦东新区。2012 年，票据交换中心根据企业经营情况，同时企业在数年的经营中也感受到所在地政府对服务企业的真诚和关心，希望将企业迁入实际经营地。作为上海市唯一的票据交换企业，在金融企业中有比较特殊的地位。经普陀区工商、税务等部门多次协调沟

◎ 上海票据交换中心

通，2013 年 9 月，票据交换中心终于将其工商注册地址迁至实际经营地普陀区。普陀区用自身的高质量服务，成功引来了“金凤凰”。

46 普陀区实施老小区“六小工程”

◎ 改造后的赵家花园

2009 年 9 月，普陀区启动全区老小区环境建设“六小工程”项目。“六小工程”的内容包括：修复破损路面和单元门栋台阶的“路面工程”，补充绿化和优化中心绿地的“绿化工程”，集中统一架设晾衣架的“晾衣工程”，设立非机动车上锁栏杆的“停车工程”，增设休闲椅凳的“椅子工程”，以及对小区出入口、门卫室出入口更新、增设小区平面图指示牌的“门面工程”。

普陀区老小区较多，住房基础比较薄弱。在迎世博期间，普陀区针对老小区实施了高层综合整治、多层综合整治和平改坡综合改造、二次供水设施改造以及建筑立面清洁工程，解决了一批居民“急、难、愁”问题，但老小区公共活动设施缺乏、环境绿化建设不足等问题依然困扰着广大居民。为此，普陀区在实施迎世博建筑整治工程的基础上，从 2009 年到 2011 年累计追加投入 1.7 亿元专项资金，在老小区中有针对性地实施路面、绿化、晾衣、停车、椅子、门面等“六小工程”。

两年间，全区累计完成“六小工程”改造 397 个小区、1556 万平方米。累计翻修道路约 56 万平方米；修缮中心绿地约 259 万平方米；新增晾衣架约 2.8 万个；新增机动车停车位约 0.9 万个，新增非机动车上锁栏杆约 4.5 万米；新增休闲凉亭约 245 个；新增小区指示牌约 357 个。受益居民群众约达 28 万户。老小区焕发出了新光彩。

47 上海市妇幼保健中心、上海市儿童医院普陀新院、普陀区妇婴保健院“扎根”长风

◎ 2009 年 12 月，普妇婴迁建项目开工奠基仪式

2009年12月26日，作为上海市、普陀区两级政府实事项目，投资总额达6.7亿余元、占地总面积3.6万平方米、建筑总面积10.9万余平方米的上海市妇幼保健中心、上海市儿童医院普陀新院和普陀区妇婴保健院三家妇幼医疗卫生机构奠基典礼于长风生态商务区举行。三家机构落户同一区域，形成了妇女儿童医疗保健集群，有利于合力打造区域妇幼保健高地。

上海市妇幼保健中心占地4000平方米，建筑面积15000平方米。中心坚持“以保健为中心，以保障生殖健康为目的，保健与临床相结合，面向群体、面向基层和预防为主”的妇幼卫生工作方针，立足机构特色优势，努力实现与现代化、国际化大城市相适应的市级优质妇幼保健专业机构水准。上海市儿童医院（泸定路院区）占地26000平方米，建筑面积约72500平方米，核定床位550张。它的建成，填补了上海西北部优质儿童医疗资源的空白，增强了上海医疗卫生对长三角和全国的辐射能力。普陀区妇婴保健院占地6000平方米，建筑面积约22000平方米，核定床位180张，从长寿路原址整体迁建长风生态商务区后，完成了从一所单纯的产科医院发展为院所合一，集医疗、保健、教学于一体的二级甲等专科医院的华丽蜕变。

普陀区疾控中心大楼迁建

链接

2003年，一场突如其来的“非典”疫情对全国的疾病预防控制体系带来前所未有的考验，也暴露出疾控中心硬件条件严重不足的短板。普陀区委、区政府将区疾控中心迁建项目列为2005年区政府“一号工程”。

2005年1月，丹巴路近梅岭北路路口的一片荒草丛生的地块上响起了轰鸣的机械声，打下了普陀区疾病预防控制中心新大楼的第一桩。短短的一年半后，一栋总建筑面积12515.9平方米的设计简洁的现代化大楼拔地而起。区疾控中心的职工们告别了花溪路505号仅2000多平方米的旧址，于2006年6月26日迁入新大楼，普陀区也成为上海市最早完成疾控中心硬件改造的区县之一。疾控中心大楼由主楼和副楼两栋组成，主要功能区包括区公共卫生应急指挥中心、区卫生信息中心、区疾控中心业务办公用房、公共卫生实验室及预防性体检、艾滋病咨询检

◎ 普陀区疾控中心大楼外景

测等对外服务窗口。2014 年 7 月，建于区疾控中心内的本市首个公共卫生专业科普场馆——普陀区公共卫生科普中心正式免费开放，让大众了解正确的防病和健康知识，也因此被授予“普陀区优秀科普教育基地”“普陀区首批医疗服务品牌”等荣誉。经过数年辛勤耕耘，普陀区相继成功创建国家第二、第三轮艾滋病综合防治示范区，国家慢性病综合防控示范区，上海市结核病综合防治示范点，国家卫生应急综合示范区。居民健康指标不断向好，法定传染病发病率控制在历史低水平，平均期望寿命提高至 84 岁，达到发达国家水平。

48 上海西北物流园区保税物流中心封关运作

◎ 上海西北物流园区保税物流中心

2010 年 9 月 26 日，上海西北物流园区保税物流中心正式封关投入运作，成为上海市中心城区内唯一的保税物流中心。上海西北物流园区保税物流中心 2002 年立项建设，位于上海市普陀区桃浦地区，是上海重要的陆路口岸。

上海西北物流园区保税物流中心总占地面积约 203 亩，已建建筑 16.8 万平方米，有 14 幢标准仓库、3 幢办公楼，并设有堆场、查验场地和卡口。园区实现全封闭监管，集信息服务、通关手续、退税监管、仓储保管、分拆配送、物流对接、运输整合、商贸交易等综合性物流服务于一体，兼具保税物流、虚拟口岸、陆路口岸等功能。服务包括运营总部、管理总部、销售分拨总部、研发总部等外向型总部企业，进口产品贸易、服务贸易型企业，跨境电子商务（运营、信息、研发）等企业，文化艺术品（消费品）进出口仓储展示交易等企业，以及具有相关外向度的“四新”企业等。

为了保证运输物品符合国家规定，西北物流园区保税物流中心外设立海关检验检疫综合办公室，上海海关驻车站办事处和上海检验检疫浦江局都在保税中心设立办事机构。海关卡口提供“7×24”小时服务。

此外，综合办公楼一楼设立了报关报检受理大厅，上海海关驻车站办事处与上海检验检疫浦江局都设立现场办公点，提供“一门式”的窗口服务，力争为企业提供专业性的帮助。

链接

西北物流园区设立跨境电商公共服务平台

2018 年 4 月 11 日，中国国际进口博览会“6 天 +365 天”常年展示交易平台授牌仪式在上海市政府大楼隆重举行，为首批 30 家平台企业授牌。授牌单位包括西北物流园区跨境电商公共服务平台、小红书、洋码头等 8 家跨境电商平台。西北物流园区保税物流中心现有跨境电商品类近万个 SKU，主要为化妆品、保健品、隐形眼镜等，均为保税仓储备货模式。作为上海市中心区域唯一的 B 型保税物流中心，西北物流园区保税物流中心抓住中国国际进口博览会这个重大机遇，充分利用区位优势，加强横向协作、纵向联动，努力调动企业积极性，深化落

◎ 中国国际进口博览会“6 天 +365 天”常年展示交易平台授牌仪式

实各项配套服务工作，积极对接中国国际进口博览会，为进口商品展示交易提供优质服务，打造具有品牌特色的 365 天不间断的线上展示交易平台，带动普陀跨境电商产业更快更好地发展。

49 普陀区中心医院成功创建三级乙等医院

◎ 普陀区中心医院 18 层住院大楼

2010 年 12 月 31 日，普陀区中心医院成功获得三级乙等医院资质，圆了普陀人民三级医院之梦。

建院 62 年的普陀区中心医院以评促建，以等级提升促进内涵质量建设，医、教、研、防各项事业取得了丰硕成果。医院建筑面积 10 万余平方米，核定床位 1050 张。职工人数 1960 名，其中医技人员 1669 名，高级职称人员 250 名，硕、博士生导师 162 名，具有硕、博士学位的医务人员 364 名，享受国务院特殊津贴的 9 名。有 10 个临床学科建成国家级、市级重点学（专）科。累计获得 50 项国家自然科学基金和 230 余项市局级课题项目；累计发表核心期刊论文 1000 余篇、SCI 收录论文 280 余篇；获得市局级以上科研教学奖项包括上海市医学科技二等奖等共 37项。

普陀区中心医院荣获全国“文明单位”四连冠和上海市“文明单位”十三连冠，获得了全国“五一”劳动奖状、全国“三八”红旗集体、全国医院文化建设先进单位、全国和上海市卫生系统先进集体、上海市职工道德建设先进单位、上海市职工科技创新示范基地等殊荣，而且涌现出全国职工创新能手、上海市优秀党员、上海市劳模集体和先进工作者、上海市名中医和十佳医师、上海市优秀专业技术人才、上海市科技创新标兵等先进典型。

普陀区人民医院属地化管理

链接

普陀区人民医院（纺一医院）创建于 1933 年。因全国第一台自行研制的电测听、全国第一例心脏漂浮导管等发明，在业内享有很高的知名度。

20 世纪 80 年代，上海对纺织产业进行了结构调整，企业医院改革迫在眉睫。1999 年，医院作为全国首批、上海首家属地化改革的试点医院，率先实施属地化管理，成建制划归普陀区管理。属地化管理后，普陀区委、区政府加大建设投入，支持医院加盟华山神经外科集团，促成医院与同济大学医学院、同济大学附属第十人民医院开展战略合作，帮助医院创建同济大学附属医院，推动医院进一步发展。

目前，普陀区人民医院开放床位已从 556 张发展到 824 张，年门急诊从 32.16 万

◎ 1999 年，纺一医院属地管理仪式

人次发展到 110.58 万人次，形成了临床营养、中医科、呼吸内科、康复医学、心血管内科等一批市、区级重点专科和特色学科，涌现了党的十八大代表、全国劳模于井子等一批先进人物。

50 桃浦转型拉开序幕

◎ 桃浦智创城

2012年10月17日，上海市政府召开桃浦地区转型发展专题会，时任上海市委副书记、市长韩正明确指出："要以高起点、高水平来完成桃浦地区转型发展，要进行脱胎换骨式的调整，打破一切坛坛罐罐……要把该地区建设成为'上海市西北中心城区的新地标、产城融合发展的新亮点、老工业基地转型发展的示范区'。"桃浦地区新一轮转型发展拉开了序幕。

从2013年起，市政府每年都把桃浦列为全市重点转型发展的地区之一。2014年1月，市政府成立了由市分管领导和普陀区主要领导挂帅的桃浦地区转型发展领导小组。2015年5月，市政府制订了《加快推进桃浦地区转型发展行动计划》，明确了桃浦地区转型发展的功能定位、产业定位、2017年和2022年两个阶段目标和主要任务。普陀区成立了土地收储、建设规划、产业转型三个指挥部，全面启动土地收储、污染修复、建设规划等工作。2016年5月，桃浦科技智慧城控详规划获批。

2017年9月7日，时任上海市委书记韩正再次调研桃浦地区转型升级工作。指出，桃浦转型升级是全市的重点工作之一，已经到了全面发力的关键阶段。要深入贯彻落实新发展理念，按照以习近平同志为核心的党中央决策部署，进一步更新理念、解放思想、提高站位，形成全市合力，以十年磨一剑的韧劲，推动桃浦地区实现脱胎换骨发展，打造中心城区转型升级的示范区、上海科创中心重要承载区之一，把桃浦打造成上海未来的亮点。同年，桃浦地区正式定名为"桃浦智创城"。2018年，市委、市政府把建设中以（上海）创新园这一国家项目安排在桃浦地区。桃浦转型发展走上了快速道。

链接一

桃浦热力站关闭，打响转型发展第一枪

2015年9月30日24时，当最后一车煤送进桃浦热力站，支撑了桃浦工业区发展的热力站从此关闭。热力站关闭成为桃浦转型过程的一个重要节点。20世纪90年代末，为整治桃浦工业园区重污染，上海市政府关闭了桃浦和南大地区60余台小型锅炉和30余座烟囱，成立了市工业区开发总公司桃浦热力公司，建设两座热力站，对桃浦和南大地区实行集中供热。实行集中供热后，不仅解决了分散供热无法有效解决的除尘、脱硫问题，而且降低了能耗，改善了工业区的大气重污染，取得了

◎ 桃浦热力二号站烟囱爆破

良好的环保效益。根据市委、市政府新一轮发展规划要求，为配合桃浦地区转型发展及全市大气污染治理行动需要，桃浦热力公司于 2012 年 4 月关闭了桃浦热力二号站，并于 2015 年 9 月 30 日正式关闭桃浦热力一号站。

「英雄天地」改造

链接二

祁连山路 127 号——原上海英雄金笔厂，自 1954 年迁入桃浦以来已足足矗立了 60 多个年头。随着英雄金笔厂的搬迁，厂区里的老厂房是拆还是留，成为人们讨论的热点话题。

2016 年春天，经过普陀区委、区政府反复论证，最终决定保留约 2 万平方米的老建筑，建设“英雄天地”项目，赋予“英雄金笔厂”新的生命。“英雄天地”项目北部区域将重点保留 1954 年最初的建厂格局和 1979 年建造的车间及其周围的景观植被和特色节点，同时将注入现代的商业、办公、公寓等功能。南部区域包含两栋高度分别为 180 米

◎ 原英雄金笔厂全景

和 140 米的塔楼，通过模数化、小体量的演变，把低层的商业建筑巧妙地过渡到高层的办公楼与公寓。2018 年，国家战略项目“中以（上海）创新园”落户桃浦智创城，并将“英雄天地”作为“中以（上海）创新园”一期项目载体，这里将成为创新创业的乐园。

链接三

托马斯实验学校落户桃浦智创城

2015 年 12 月 13 日，上海托马斯实验学校正式落户桃浦智创城。学校设小学部、初中部和高中部，并引入美国顶级公立高中课程体系、教育教学管理模式、课程实施方式、教学研究与教学评价体系，创建地区领先、全国一流、国际知名的民办高中学校。托马斯实验学校由英国剑桥大学、美国斯坦福大学、美国托马斯·杰弗逊科技高中的专家、教授组成的导师团队指

◎ 托马斯实验学校

导学生进行研究性学习。托马斯实验学校的建成，将进一步提升普陀的教育品质，优化区域发展环境，为上海培养科技创新人才提供重要支撑。经过上海桃浦智创城开发建设有限公司一年的努力，完成了敏环置业、热力二号站等企业搬迁和土壤污染治理工作，项目于2016年12月9日开工。2018年9月，高中部正式招生。

链接四

桃浦中央绿地：上海中心城区最大的开放式绿地之一

2017年5月9日，由上海桃浦智创城开发建设有限公司投资建设的桃浦中央绿地正式启动建设。该绿地位于规划中的桃浦智创城核心区中部，分六个街坊，呈“J”形布局，总用地面积约50万平方米。建成后的桃浦中央绿地将成为上海中心城区最大的开放式绿地之一。根据设计单位JCFO公司“行云·流水——新自然”的设计方案，桃浦中央绿地以“绿色生态、活力驱动、人文关怀”为主题，融合了中国传统书法、舞蹈和太极艺术的优美动势，结合绿地内延绵起伏的地形和蜿蜒动态的园路水系，形成一个连续变化、层叠展开的动态空间。桃浦中

◎ 桃浦中央绿地

央绿地北三块已于 2018 年 11 月 3 日对外部分试开放。南三块园林绿化工程和地下空间建设计划逐步分街坊启动施工，力争 2021 年左右全部建成。未来，结合沪嘉高速抬升规划，沪嘉高速北侧约 50 万平方米的土地也将全部融入南面的桃浦中央绿地，使桃浦中央绿地的总规模拓展至约 100 万平方米。

51 上海市第一座遗址类博物馆：元代水闸遗址博物馆

◎ 上海元代水闸遗址博物馆

2012 年 12 月 31 日，上海元代水闸遗址博物馆建成并对外开放。博物馆位于普陀区志丹路和延长西路路口西南处，俗称“志丹苑遗址”。

元代水闸遗址发现于 2001 年 5 月。2002 年至 2006 年间，考古部门对志丹苑遗址进行多次考古发掘，一座元代水闸破土而出。遗址深藏于地表以下 7 到 12 米深处，总面积约 1500 平方米，东西长 42 米，进水口宽 32 米，出水口宽 33 米。河水由西北流向东南。水闸主体由闸门、闸墙、底石、夯土层等几大部分组成。这是目前国内已考古发掘出的规模最大、做工最好、保存最完整的元代水闸。它的发现，为了解古代水利建造工程技术流程提供了直接的依据，对研究中国古代水利工程，特别是宋元时代江南地区的水利工程、吴淞江流域的历史变迁、长三角地区的经济发展等都具有非常重要的科学价值。2006 年，遗址被评选为“中国十大考古新发现”之一。2013 年，遗址入选第七批全国重点文物保护单位。

上海元代水闸遗址博物馆建于遗址上方，是上海第一座遗址类博物馆，现为上海市历史博物馆分馆之一。博物馆从水闸的发现经过、历史背景、建造流程、水闸结构、工艺功用等，多角度、全方位地向公众展示这一独特的文化遗产。遗址博物馆现为上海市爱国主义教育基地、上海市青少年考古基地、普陀区爱国主义教育基地、普陀区志愿者服务基地。

链接一

上海历史最为久远的寺院：真如寺

真如寺始建于南宋嘉定年间（1208—1224），至今已有 800 多年历史，为沪上有据可证的历史最为久远的寺院之一，在建筑史和佛教史上均具有较高的价值。真如寺正殿是全寺最具历史价值和文物价值的所在，虽屡经修葺，但其建筑结构和大部分木构件都得以保留。1959 年 5 月，大殿被定为市级文物保护单位。此后进行了几次修缮。正殿辟为古建筑展览馆，长期不作宗教场所开放。1991 年后，真如寺恢复为宗教场所。1991 年 8 月 26 日，真如寺修复委员会成立。修复工作自 1992 年启动，

◎ 真如寺

至 2006 年完成，至此真如寺主体建筑群落成。如今的真如寺不仅是佛教活动的重要场所，还是上海知名的旅游景点和文化场所。

链接二

上海玉佛禅寺大雄宝殿平移工程

上海玉佛禅寺大雄宝殿建成于 1918—1928 年间，为砖木混合结构，已有近百年历史，是上海市优秀历史建筑和普陀区文物保护单位。为消除公共安全隐患，给寺院建筑布局的合理化留出改善空间，并更好地保护寺院历史建筑，2014 年 7 月底，启动了“上海玉佛禅寺消除公共安全隐患保护性修缮工程”。2017 年 9 月 2 日开始，对大雄宝殿实施整体平移工程。为保证平移过程对殿内佛像、泥塑等不造成损害，施工单位在对殿内的佛像立柱等采取夹板框架式加固基础上，采用托换转移方式进行施工。经过两周时间的紧张施工，大雄宝殿整体往

◎ 玉佛禅寺大雄宝殿平移航拍

北平移 30.66 米，然后采用交替顶升方式将大殿基础抬升 1.05 米。2017 年 9 月 17 日，寺院隆重举行大雄宝殿平移顶升即位感恩法会，标志着大雄宝殿平移工程获得圆满成功。

52 上海环球港“启航”

◎ 上海环球港

2013年7月5日，位于普陀区金沙江路内环高架路交叉口的上海环球港建成营运。

环球港总建筑面积达48万平方米，外形酷似豪华巨轮。这是月星集团从家居产业跨界进入大型城市商业综合体领域的首部力作。在打破传统购物中心零售消费定义的同时，上海环球港创新提出了“文化、旅游、商业”三位一体、联动发展的理念，获得了消费者和市场的充分认可，谱写了一曲海上“船”奇。

在以“文旅商”结合的创新模式为消费者带去休闲、娱乐、美食、购物的一站式消费新体验的同时，环球港始终秉持践行核心价值、培育高尚道德的核心理念，严格遵守法律法规，营造诚信环境，不断完善企业制度，实施科学管理，深入打造多元化企业文化，构建和谐劳动关系，以党组织的组织力为抓手，支持企业党建，将商业体态的活力与创造力渗透公益事业，锻造温馨党建品牌，承担更多社会责任，以此激发企业创新活力，坚守如鸟之两翼、车之双轮的社会道德和商业伦理，与社会发展同生共荣。

2018年，上海环球港开业率达95%；日均客流6.47万人次，同比上年增长10%；营业额22.25亿元，同比增长7%；总营收6.32亿元，同比增长15%；荣获普陀区年度“税收亿元楼”荣誉称号。环球港成为上海乃至全国规模最大、业态最丰富、体验服务最佳的商业综合体之一。

链接 百联中环购物广场开业

2006年12月21日，坐落于普陀区真北商贸圈的百联中环购物广场隆重开业，成为上海西北地区商业新地标。

百联中环购物广场是百联投资控股并运作经营的集购物、餐饮、休闲、娱乐为一体的超大型、现代化商业广场，占地面积10万平方米，建筑总面积43万平方米，其中商业建筑面积26万平方米。百联中环购物广场以打造国内一流购物中心为目标，秉持“遇强更强，诚信致远”的百联精神，服务区域经济发展和民生需求，主要经营百货、超市、家居、餐饮、娱乐、专业专卖、社区服务等业态。东

◎ 百联中环购物广场

方商厦、月星家居、世纪联华、妇女用品商店、第一百货家电数码城、新华书店、美龄宫大酒店、申格运动名品城、卡通尼儿童乐园、世纪环球影城等商户入驻。

53 苏州河工业文明展示馆

◎ 苏州河工业文明展示馆

“吴淞江水兴普陀”，苏州河是上海的母亲河，她流经普陀14公里，不仅留下了两岸21公里曲折岸线，更为这片热土留下了大量宝贵的历史人文资源。19世纪中叶上海开埠后的一百多年间，伴随着上海的城市化进程，苏州河两岸更成为我国近代以来传统工业文明兴衰的一个缩影。苏州河两岸更是中国近现代民族工业的发祥地之一，中国最早的纺织、面粉、化工等民族工业在这里起步。为了进一步保护和传承苏州河工业文化遗产，传承上海城市历史文脉，打造苏州河博物馆长廊，苏州河工业文明展示馆于2014年5月18日“国际博物馆日”正式对社会免费开放。

展示馆位于光复西路2690号苏州河北岸，占地面积约1500平方米，分室内、室外两大部分。室内展示面积约800平方米，以历史为时间轴、以苏州河为空间轴，通过丰富的实物和大量的图文资料，借助多样的艺术表现形式，展现了自上海开埠至今苏州河沿线工业文明的风雨历程和辉煌成就；室外展区充分利用展馆前后的绿地空间和临苏州河的地理优势，以大型工业机器展示、场景复原和雕塑作品等形式，再现了苏州河工业文化的历史遗韵。苏州河工业文明展示馆现已成为上海市爱国主义教育基地、上海市“市民修身行动”市级示范点、上海市校外教育基地、上海市工业旅游基地。

上海印钞博物馆

链接一

上海印钞博物馆位于曹杨路158号上海印钞有限公司内。上海印钞有限公司是隶属中国人民银行、中国印钞造币总公司的一家大型骨干印钞企业，从事人民币和增值税专用发票、银行专用票据等有价证券、护照等高级防伪证书的生产经营活动。1997年筹建上海印钞博物馆，2005年建成对外开放。馆内展厅面积2200平方米，展品1600余件，主要包括中华人民共和国成立前至今的各套人民币实物、各时期的有价证券及其他实物展品。观众透过博物馆的玻璃可以观看人民币印制生产线的整个流程。上海印钞博物馆通过大量翔实的史料、展品介绍了公司的历史、工艺技术装备的发展轨迹、钞券防伪知识以及特殊的企业文化，更展示了一张白纸变成精美钞票的完整印制过程。以时间为经，以不同历史时

◎ 上海印钞博物馆

期的产品、设备、人物和厂区布局为纬的布展方式，全方位展示了上海印钞有限公司逐步发展成为印钞技术先进、综合实力雄厚的现代化国家印钞公司的历程。

上海造币博物馆

链接二

2005 年 12 月，上海造币博物馆揭牌，正式对外开放。上海造币博物馆位于苏州河畔的上海市文物保护建筑——原中央造币厂内。博物馆陈列面积约 700 平方米，陈列展品近千件，主要分为近代造币工艺厅和当代造币厅。

近代造币工艺厅主要展示近代的造币工艺设备和流程，见证百年来中国造币事业的发展历程。其中包括 20 世纪 20 年代上海造币

◎ 上海造币博物馆造币工艺厅

厂从美国进口的一整套造币设备，自1933年起生产的银币、铜币、铝币、镍币、白铜币，以及当时生产的金条、出入证章、模具、手工打制币和手工打制设备等。

当代造币厅中陈列了中华人民共和国成立后各个时期所生产的部分具有代表性的钱币产品，大致可分为流通币、金银纪念币、普通纪念币、纪念章、获奖产品等，让参观者了解当代造币概况，又通过多种多媒体手段，展示了镍包钢坯饼生产流水线以及模具的制造过程。

上海纺织博物馆

链接三

上海纺织博物馆坐落于澳门路150号原申新纺织第九厂旧址，占地6800平方米，展示面积4800平方米，为上海纺织控股（集团）公司全额出资的行业性专题博物馆。

上海纺织博物馆设序厅、历程馆、撷英馆、科普馆、专题馆等一厅四馆。序厅以气势恢宏、纺织元素迭现的场面布置，将上海纺织自6000年前至今的发展历史浓缩在只有400平方米的大厅内，既

◎ 上海纺织博物馆

凸显纺织的历史积淀，更张扬上海纺织的美好未来。历程馆以古代、近代和现代的史料实物，演绎上海纺织的发展历史，彰显纺织产业对于形成上海这座国际大都市的历史地位和作用。撷英馆用历史的眼光审视上海纺织创造的世界第一和中国首创、行业领先，通过对上海纺织有重要影响的人物、事件的展示，以及对工人运动史的介绍、对老字号的追忆，展现上海纺织领域的巨大成就。科普馆通过诠释神奇的纤维足迹、缤纷的面料世界、完整的工艺“链条”、广泛的应用空间等知识，集中体现纺织博物馆的知识性、趣味性、参与度和互动性。专题馆以与时俱进的布展理念，首期展示“海派”京昆戏服这一梨园奇葩，自 2013 年起以少数民族服饰文化为专题布展。

54 真如镇街道、万里街道成立

◎ 2015 年 1 月 6 日，普陀区召开加强基层建设暨真如镇街道、万里街道成立大会

2014年11月23日，上海市政府批复，同意设立万里街道，长征镇行政区划作相应调整；撤销真如镇建制，设立真如镇街道办事处。2015年1月6日，普陀区召开加强基层建设暨真如镇街道、万里街道成立大会，时任上海市委副书记应勇为真如镇街道、万里街道揭牌。

2014年，根据上海市委“一号课题”成果《关于进一步创新社会治理加强基层建设的意见》要求，普陀区着手开展行政区划调整工作：撤销真如镇建制，设立真如镇街道办事处；从长征镇析出，设立万里街道办事处。

万里地区原属长征镇行政区划，东临甘泉路街道，北接宝山区大场镇，西临桃浦镇，南连真如镇、石泉路街道，面积约3.3平方公里。由于真如镇贯穿其中，长征镇区域被分隔成南北两片，北片万里地区居民办事不便，管理成本也很高。万里地区从长征镇析出，解决了该地区行政管理和资源配置不足的问题。

真如镇辖区面积6.09平方公里，总人口17.24万人，其中户籍人口11.95万人。20世纪90年代初，真如镇完成撤村、撤队、撤制等工作，成为完全城市化地区。

此次行政区划调整后，普陀区形成了8个街道、2个镇的行政区划格局。

55 “天安 · 千树”项目开工建设

◎“天安 · 千树”项目建设工程

2015年1月，由天安中国投资有限公司投资建设的“天安·千树”项目开工建设。该项目位于苏州河昌化路桥东侧，东、北至苏州河沿河绿地，西至昌化路，南至莫干山路，东南毗邻M50创意园区，是长寿商务商业带建设的重点项目。项目分为东、西两个地块，总建筑面积30.2万平方米。其中西地块为地下3层、地上9层的商业综合体，总建筑面积10.86万平方米；东地块为地下3层、地上30层的商办综合体，总建筑面积19.34万平方米。

作为商业、酒店、办公综合体，该项目通过建筑艺术+文化传承+历史遗产+自然风貌，使老地标焕发新的活力。其最大的亮点是来源于黄山的设计灵感，大胆使用了大量的绿植和艺术元素特色打造项目外观。建成后整个项目仿若两座由400个露台、1000个种满绿色植物的平台构成的山峰，使这座矗立在苏州河畔的“大山”外表酷似传说中的“古巴比伦空中花园”。项目另有河滨步道和妥善保留修复的荣氏阜丰面粉厂四栋历史保护建筑。

“天安·千树”项目预计于2019年年底基本完成各项工程施工，计划于2020年部分竣工并投入使用。开业后的“天安·千树”将为人们营造一个与众不同的“沉浸式”休闲生活新乐园，成为集休闲、购物、艺术多功能为一体的公共空间。

56 普陀区成功创建国家卫生区

◎ 普陀区劳模参加“创卫”劳动

2015 年 3 月，普陀区被成功命名为“国家卫生区”。

自 1992 年曹杨新村街道率先创建上海市一级卫生街道以来，普陀区持续开展卫生创建工作。2004 年，长征、真如两镇成功创建国家卫生镇；2013 年，桃浦镇成功创建国家卫生镇，实现国家卫生镇和上海市一级卫生街镇全覆盖，为国家卫生区的创建奠定了良好基础。

2012 年，普陀区正式启动国家卫生城区创建工作。“创卫”工作启动后，普陀人秉持为全区人民谋实惠、求福祉的宗旨，以“顽强无畏的拼搏精神、高效非凡的克难精神、同甘共苦的奉献精神”，在各自本职岗位上辛勤耕耘、辛苦付出、辛劳奉献。整治市容环境、加强环境保护、关注公共卫生、强化食品监管、防治病媒生物、控制疾病传染等各项工作全面推进。通过卓有成效的创建工作，普陀的天更蓝了，地更绿了，水更清了，群众吃得更放心、住得更舒心了。许多老百姓都称赞说：普陀区创建国家卫生区，不是赶时髦，不是摆花架，而是实实在在的民生实事，是实实在在的民心工程。“创卫工作，只有起点，没有终点；只有更好，没有最好”，丰富了普陀“创卫”精神的内涵。

链接一

成功创建「全国双拥模范城」

2016 年，普陀区成功创建“全国双拥模范城”。普陀区坚持“军地融合发展，军民鱼水情深”，大力开展双拥工作。据统计，2011 年起，普陀区累计投入 11.3 亿元，为部队建设提供有力的保障。建设军队离退休干部活动中心；无偿划拨 4 万平方米土地用于建设武警部队退休干部经济适用房；改造 2600 平方米老厂房作为公安消防支队办公用房；新建、修整、改建武威东路、大渡河路等交通干道，优化战时应急交通保障条件。在拥军优属方面，发扬退役安置、优先优抚的好传统，组织开展各类科技、技能、文化服务，开展军地合作开发、转让科研项目，建立了退伍军人技能训练基地。

◎ 2016 年，普陀区首次创建“全国双拥模范城”。分别从财政、拥军优属、军民共建、公益宣传等方面探索创新，营造浓烈的创建氛围。图为退伍军人参加军地两用人才汽修培训班

坚持军民共建精神文明，培育形成了“侨妈妈与兵儿子”双拥工作品牌。

链接二

陈扣娣班组 连续九届上海市劳模集体：

陈扣娣班组系普陀城投公司下属普环实业有限公司清道保洁班组，前身为“宜川女子清道班”，2001 年由普陀区总工会命名为“陈扣娣班组”。陈扣娣班组先后荣获“全国巾帼文明岗”“全国工人先锋号”、连续九届上海市模范集体等 67 个区级以上荣誉称号。陈扣娣班组先后培育出全国建设系统先进个人、“全国巾帼建功标兵”、上海市劳模陈扣娣，全国“五一”劳动奖章获得者顾邦兰，上海市“申城先锋”、2018 年“感动上海十大人物”成慧等先进个人。陈扣娣班组现有班组成员 56 名，平均年龄 47 岁，主要负责宜川、甘泉地区 2 座垃圾压缩站、6 座公厕、17 条道路和沿线 35 个废物箱的保洁与管理。多年来，

◎ 陈扣娣班组集体照

在行业精神的感召下，在劳模示范的引领下，他们创新突破求发展，首推“八大保洁作业法”，使其所管辖的 17 条马路成为普陀市容环卫系统唯一的“免检路段”。

2013 年 5 月，由普陀区总工会以陈扣娣劳模班组正式命名的“陈扣娣班组环卫清洁创新工作室”正式成立。2015 年 10 月，工作室成功创建为市级劳模创新工作室，先后研制出压缩站压缩机、电动三轮冲洗车、四分类开放收集车、新型压缩站翻斗等特色环卫工具，是上海市绿化市容环卫系统攻坚创新的特色品牌。

57 努力建设“科创驱动转型实践区、宜居宜创宜业生态区”

◎ 2015 年 7 月 22 日至 23 日，中国共产党上海市普陀区第九届委员会第八次全体会议召开

2015年7月22日至23日，中国共产党上海市普陀区第九届委员会第八次全体会议召开。会议要求全区上下围绕中共上海市委“创新驱动发展、经济转型升级”总方针，努力建设“科创驱动转型实践区、宜居宜创宜业生态区”。

会议指出，要深入贯彻市委精神，牢牢抓住科创驱动转型主线，全面对接、主动承载，找准定位、有所作为，努力闯出一条具有普陀特色的创新发展之路。科创驱动转型，是顺应新一轮科技革命和产业变革，抢占未来发展先机的关键一招，是服从服务全市发展大局，推动经济社会持续健康发展的重要举措，是普陀加快自身发展转型，提高区域核心竞争力的根本之策。建设科创驱动转型实践区，关键是“转型升级”，要融入全市发展大局，大胆试、大胆闯，不断探索实践普陀的创新发展之路。建设宜居宜创宜业生态区，关键是“服务环境”，政府要做好生活环境、服务环境、产业环境等，使服务链契合和适应创新，让所有科技创新的“种子”在普陀生根发芽、蓬勃生长。要构建“一轴两翼”功能布局，带动产业结构调整和经济转型升级。要发挥科研院所的溢出效应、空间平台的承载效应、要素平台的带动效应、环境资源的服务效应，打造科创大苗圃、孵化器、加速器。要抓紧“四大板块”工作，服务大众创业、万众创新。加强科研院所和区域发展合作共赢，优化创新服务体系，培育众创空间，形成集聚创新资本、人才、平台要素的激励政策。

链接 “一轴两翼”功能布局

在全面分析区域现实优势，综合考量未来五年重点项目、资源、条件的基础上，中共普陀区九届八次全会明确提出了以桃浦转型示范为引领的“一轴两翼”功能布局。“一轴”聚焦“武宁创新发展轴”，突出以武宁路改造，轨道交通14、15号线建设以及沪西工人文化宫改造为契机，依托沿线科研院所，以点带面，形成带动全区发展的创新轴线。“两翼”突出“北翼”城市转型示范走廊和“南翼”滨河开放活力带。“北翼”将紧紧抓住桃浦地区作为全市重点转型发展区域的历史机遇，聚焦桃浦智创城建设，推进桃浦与真如副中心地区相连通，打造上海西北部城市更新和创新发展的示范走廊。“南翼”要发挥苏州河作为普陀宝贵自然人文资源的作用，以苏州河连接长寿、长风、长征等重点地区，

◎ 横贯普陀区的武宁路沿线集聚众多科研院所，成为推动普陀科技创新发展的主轴

加强交通贯通和功能联动，集聚旅游、文化、金融、商贸等高端产业，延续历史文脉，体现城市活力和繁荣繁华，实现“十三五”美好蓝图。

58 上海市首部居民自筹资金加装电梯运行

◎ 2015 年 11 月 30 日，长征镇梅川路 255 弄怒江苑小区 7 号居民楼举行上海市首部居民自筹资金加装电梯竣工仪式

2015 年 11 月 30 日，普陀区梅川路 255 弄怒江苑小区里有着过节般的热闹，居民们纷纷会聚在 7 号居民楼前观看“圆梦电梯”的竣工仪式举行。

怒江苑小区始建于 1998 年。小区 7 号楼共有 7 层，底楼是车库，上面 6 层是住户，60 岁以上老人占了楼内住户的三分之二，是一幢典型的“老龄公寓”。老公房加装电梯虽是众人期待，也得到小区居委会的大力支持，但真正实施起来，要过“人”和“钱”两大难关。“人”关是指：按照规定，申请加装电梯首先需要得到楼内 90% 以上的业主同意，并且其余业主不能有明确的反对意见，其次还需要小区内三分之二以上业主同意。7 号楼的业主们纷纷行动起来，主动进行宣传引导，成功打消了住户们的顾虑。加装电梯的另一个难关是“钱”。经测算，共需费用 64 万元，根据规定，财政最多补贴 24 万元，其余 40 万元需要居民们自己分摊。7 号楼的业主们最终商定了一个方案——“数台阶”，即根据住户楼层不同，由二楼及以上楼层的住户以回家时需要走的台阶数为基准，计算比例分摊建造费用，出资额从 1 万余元到 11 万元不等。不仅如此，业主们还制定了今后电梯的电费、维护费等费用的分摊方案，有效地避免了日后可能产生的各类矛盾。

怒江苑小区 7 号楼安装的电梯是全市首个居民自筹资金加装电梯的成功案例，是居民区党组织领导下，居委会、物业、业委会通力合作，居民自治结出的成果。

59 曹杨二中教育集团成立

◎ 曹杨二中教育集团挂牌仪式

2016年3月1日，曹杨二中教育集团挂牌成立，曹杨二中、曹杨二中附校、兰田中学、梅陇中学、兴陇中学、朝春中心小学、沙田学校、曹村六小、曹杨二中附属江桥实验中学、普陀区中小学社会实践服务中心成为集团首批成员单位。集团的成立，标志着普陀“一环一园十街镇”区域教育功能格局的形成。

曹杨二中创建于1954年，1979年被认定为市重点中学，2005年被评为上海市首批实验性示范性高中，2018年获得全国首批“文明校园”称号。1989年4月13日，时任上海市委书记江泽民视察学校并题词“勤奋进取，求实创新”。在60余年的办学历程中，曹杨二中逐步站上了全国基础教育的高地。

近年来，学校秉持“文理相通、人文引领”的办学理念，勇做高考改革排头兵、实践育人先行者，坚持五育并举，以德为先。创建至今35周年的曹杨二中青少年学习马列主义协会（简称“马协”）在学生党建方面取得了重大影响。2017年9月，在与同济大学成功合作“苗圃计划”的基础上，以曹杨二中为母体孵化、同济大学和普陀区政府合作共建同济大学附属上海市科技高中，为上海建设具有全球影响力的科技创新中心战略培养未来“卓越工程师”。同时，学校创设德语、意大利语、荷兰语、希伯来语理工班，打造国际理工教育品牌，助工薪子弟登国际舞台，参与“一带一路”建设。

曹杨二中教育集团成立后，通过开展集团内部管理人员和教师校际交流、跨学段跨学科联合教研和师资培训，推进德育、艺术体育、科技特色、劳动教育等共建工作，“办好家门口的好学校”，提升本地域义务教育优质均衡水平，实现集团成员单位的整体提升。

链接一

上海市首家特色普通高中：上海市曹杨中学

上海市曹杨中学创办于1953年。作为上海市华侨学校，该校是1949年后上海市首批创建的三所完全中学之一。该校倡导“爱国、精业、乐群”的校风、“严谨、求实、创新”的教风和“勤奋、求真、进取”的学风，凝炼出“含德之厚·报国之诚”的“赤子”文化。1953年至1965年期间，曹杨中学共接收侨生千余人，工农子弟占全校学生总数的90%以上。1956年，曹杨中学自建手工工

◎ 上海市曹杨中学被命名为第一所“上海市特色普通高中”

场并与六个工厂合作，为学生提供丰富的社会实践机会。因为注重全面育人，教育质量高，走在教改前列，1959 年，学校被上海市人民政府命名为上海市首批重点中学。1996 年，学校在长期实践的基础上正式提出“责任与自主”的教育理念，着重培养学生对自我、社会、自然的责任担当和自我管理、自我设计、自主发展的意识和能力。曹杨中学还注重开展礼仪美育教育。2017 年 4 月，曹杨中学被命名为上海市首家特色普通高中，在自主招生、特色师资队伍建设、设备配置和经费投入等方面参照市实验性示范性高中相应政策。

链接二

现代区域教育治理的「先行者」：上海市桃浦教育联合体

为改变教育落后面貌，桃浦镇 11 所中小学、幼儿园在 2008 年自觉组成区域性学校联盟——桃浦地区基础教育协同发展联合体，探索一条“弱弱联合、优势互补”的洼地崛起之路。

联合体成立之初，各校抱团取暖，拆除相互间的“围墙”，整合各校的人力、物资、信息等资源，实现资源集聚，共同开发，实现共享。2014 年，联合体通过制定章

◎ 桃浦教育联合体成立

程，进一步完善合作架构，通过实施“四重点项目、六协作中心、十教育基地”建设，推动组团发展、成团创新。联合体实施教师联聘，推进优质师资共享；通过教师走校，解决学科结构性供需矛盾；建立教学资源库、学生网络学习反馈平台；合作攻坚信息技术、STEAM 等前沿课题；构建德育一体化体系；开辟实践十基地，确立 23 个居村“学生社会实践体验点”。经过 11 年的探索实践，联合体成员增加到了 18 所学校，初步建立起学校横向沟通、学段纵向贯通、教育内外联通的“三通”办学体制，走出了一条现代区域性基础教育治理之路。

普陀区其他街镇借鉴“桃浦模式”，相继成立教育联合体。2016 年，随着环华东师大优质教育圈成立、曹杨二中教育集团揭牌，普陀区形成了“一环一园十街镇”的区域教育功能定位与空间发展战略布局。

60 上海首家医养结合养老院：真如副中心养老院

© 2017 年，真如副中心养老院结构封顶

2016年4月，上海首家医养结合养老院真如副中心养老院及社区卫生服务中心项目动工。2017年，真如副中心养老院实现结构封顶。

真如副中心养老院位于普陀区中宁路以南，石泉路以北，宁泉新苑以东，规划宁川路以西，总占地面积为5863平方米，项目总建筑面积为20885平方米，其中地上建筑面积16885平方米（包括养老院13185平方米、社区卫生服务中心3700平方米），地下建筑面积4000平方米（包括养老院2500平方米、社区卫生服务中心1500平方米）。真如副中心养老院及社区卫生服务中心为混凝土框架结构，分别由一个13层塔楼与一个5层塔楼，及2层裙房组成，塔楼通过裙房连成整体。正式运营后，真如副中心养老院除了为真如地区解决社区卫生服务需求之外，还将为社区养老提供约460张床位。

作为上海第一家医养结合的附带高层建筑的养老院，特殊的设计使得建设极易受到不良天气的影响。为此，在施工过程中，建立以BIM应用为载体的项目信息化管理，根据最新工程完成进度不断优化估算模型，实时改良工程设计，从而避免重复施工，提升项目生产效率，提高建筑质量，在大幅降低施工成本的基础上，实现最短工期。

此外，真如副中心养老院在内部规划和设计上也相当人性化。从安全楼梯的双面扶手到居住卫生间的特殊沟槽，从防高坠内拉式的楼宇门窗到规划构造的医养便捷通道、屋顶花园，甚至每层楼还建有紧急突发情况时的避难间，这些为老人提供最安全的生活起居条件的设计，体现了对老年人的关爱。

链接一

桃浦镇第二社区卫生服务中心探索医养结合新模式

为解决桃浦东部地区居民日益增长的就医、养老等民生问题，解决“养老机构看不了病、医疗机构养不了老”的矛盾，普陀区政府于2010年把建设集医疗、养老机构为一体的公建配套建设项目列为区政府实事工程，决定在桃浦镇第一养老院旁建设桃浦镇第二社区卫生服务中心。

经过五年建设，2015年8月31日，第二社区卫生服务中心正式对外运行，并成为上海市首批“医养结合”试点单位。新建的社区卫生服务中心与桃浦镇第一养老院毗邻而建，在物

◎ 桃浦镇第二社区卫生服务中心

理结构上，两家单位可通过四楼的连通走廊实现直达。同时，两家单位签订了“医养结合”合作协议，由社区卫生服务中心为养老院提供全科门诊等各种医疗服务，满足入住养老院的老人日常的基本医疗。这一医养结合的“桃浦模式”实现了“让老人小病不出养老院”。

链接二

久龄家园：“没有围墙的养老院”

随着老龄化程度不断提高，普陀区老年人对社区养老服务的需求日益增强。为此，普陀区政府从2013年起，以曹杨新村街道梅岭园、杏梅园、桂巷新村三个居民区为试点，推进“久龄家园”社区为老服务立体网络建设。“久龄”寓意长寿，“家园”是指营造具有家庭式温馨、安全、便利的环境。通过建设“久龄家园”“一网、十圈、百站”配套服务体系，满足老人

◎ 2013 年，“久龄家园”为老服务立体网络开始建设，打造“没有围墙的养老院”

“不离家、不离亲人、不离熟悉生活环境、不改变原来生活习惯”的养老需求。“一网”是指在区级层面建立“久龄家园”关爱服务平台，通过政府购买服务方式，依托社会力量，开通 62229090 服务专线，并与 12345 市民服务热线、962200 市社区服务热线电话整合，为全区老人提供点对点关爱服务；“十圈”就是打造 10 个街镇为老服务圈，整合社区服务中心、老年日间照料服务中心等资源，为社区老人提供生活照料、家政服务、精神慰藉、医疗保障、紧急救援等服务；“百站”就是形成 100 个居村委养老贴身式服务站，老年朋友可以在服务站享受医疗保健、精神文化、便民服务、亲子活动、午间助餐等服务。“久龄家园”进一步丰富了社区养老的新模式和“9073”养老服务格局内涵，被评为 2014 年上海社会建设十大创新项目，2015 年被收入《创新：社会建设之魂》第二辑，2016 年被收入《上海民政创新发展典型案例集》。

链接三

爱照护：嵌入式养老的探索

2016年5月，在真北路1902弄海棠苑小区内，普陀区第一家嵌入式养老机构——拥有11张床位的真如社区爱照护长者照护之家正式运营，标志着普陀区机构养老服务由长期住养向专业化短期寄养转变。除集中住养照护以外，还以长者照护之家为中心点，向外延伸出居家养老服务，辐射至周边地区。

同年9月，第二家长者照护之家——设有48张养老床位的万里社区爱照护长者照护之家投入运营，普陀区嵌入式养老开启2.0版本。万里社区爱照护长者照护之家可根据老人不同状况，分为四个区域模块，为骨折、中风、失智和肿瘤四类老人提供短期寄养服务，机构内的助浴、康复、文娱等功能模块向周边社区开放，服务更多老人。同时，结合底楼的社区卫生服务站和武爱护理站，为老人提供一站式全方位服务。机构服务团队囊括了专业医师、护士、康复师、养老护理员，通过全方位的照护计划与后台管理系统，为每个老人提供个性化的健康管理及照护服务。目前，普陀区已有四家爱照护长者照护之家，此外还有11家其他举办方运营的长者照护之家，实现了街道镇全覆盖。

◎ 万里社区爱照护长者照护之家

长期护理保险试点

链接四

根据2016年国家“十三五”规划纲要提出的“探索建立长期护理保险制度，开展长期护理保险试点”任务，2017年1月1日起，普陀区正式启动首批长期护理保险试点工作（简称“长护险试点”）。

在试点工作中，普陀区以服务为导向，从原有养老服务补贴制度与长护险政策的衔接、信息化服务平台改进升级、行业监管和鼓励服务机构提出定点申请等四个方面推进相关工作，为接受护理服务的老人提供生活照料和临床护理等服务项目，不断提升老年人在养老服务中的获得感和满意度。至2018年年底，共有52家机构成为长护险定点服务机构，其中养老机构34家、社区养老服务机构18家。普陀区共受理长护险申请3.08万人，完成评估2.68万人，开展居家护理服务185.96万人次，养老机构服务4758人，累计结算1.72亿元。同时，普陀于2018年在全市率先开展长护险服务自负部分补贴工作，保障正在享受“长护险”待遇的本区低保、低收入家庭老年人的基本生活权益，共补贴评估费用220人次、服务费用180人次，发放补贴资金4万余元。

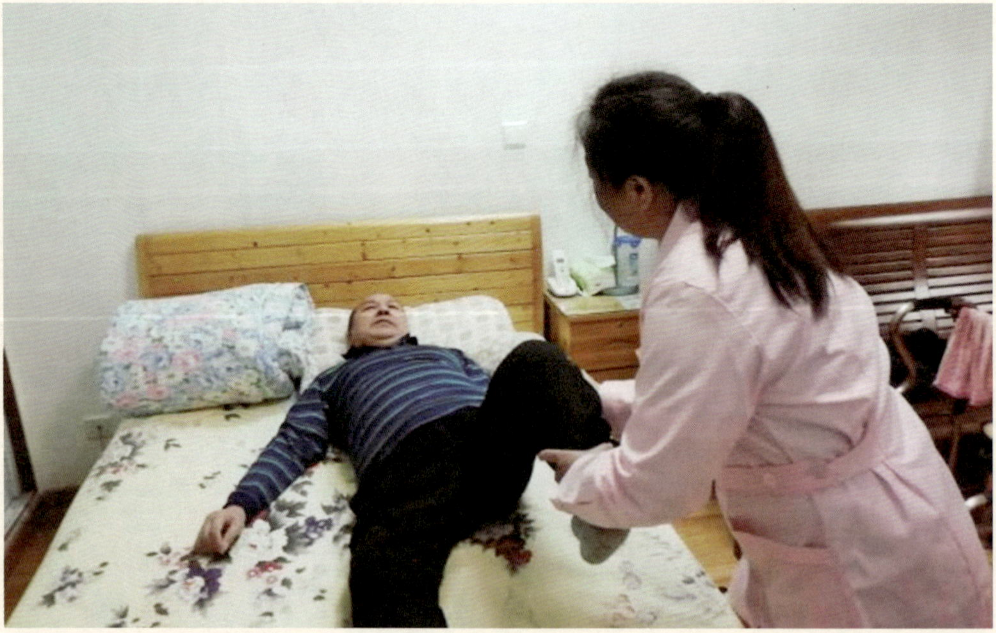

◎ 长护险护理员服务护理对象

61 上海中心城区最大的“城中村”红旗村地块完成综合整治

◎ 2016 年 6 月，红旗村综合整治后全景图

2016年6月29日，上海中心城区最大的“城中村”——红旗村地块完成综合整治，为真如副中心地区后续开发建设腾出了空间。“不想做事的人总有理由，想做事的人总有办法”，成为红旗村整治中广大干部、群众显现出的敢啃“硬骨头”精神的有力注释。

该地块位于普陀区真如城市副中心核心区域。这里聚集了山华果品、铜川水产分部等九大初级市场、三万多常住人口，违法用地、违法建筑、违法经营、违法排污、违法居住“五违”现象比比皆是。为了啃下这块“硬骨头”，上海市委、市政府把红旗村列入全市首批“城中村”改造项目。2015年，普陀区正式启动了综合整治，并于当年关闭了果品市场。2016年首个工作日，时任上海市委书记韩正暗访红旗村，提出了“拆违同时一定要加快整治”的工作要求。普陀区委领导连夜召开现场会，并把新年第一次常委会放在红旗村整治指挥部举行，提出6月30日提前半年完成整治并启动地块建设更新的工作目标。

普陀区整合各部门力量，组建了由公安、市场监管、城管、房管、消防、拆违办以及石泉路街道、长征镇、中环集团干部组成的综合整治办公室，分片包干开展整治。2月21日，完成全部村民住房的征收签约；6月29日，红旗村整治工作提前半年全部完成，共关闭取缔16家“四小”场所、207家冷库、90家印刷厂、1272家经营户、4817家租赁户，拆除36.2万平方米各类建筑，完成59.2万吨建筑垃圾、3623吨生活垃圾清运，原先堆满果品垃圾的真如港的河道生态修复工程基本完成。

「红旗村」配套建设

链接

2014年10月31日，上海市“城中村”改造工作领导小组办公室批准了红旗村地块“城中村”改造方案。作为红旗村地块“城中村”首开项目，申兴华庭为红旗村原村民动迁安置房，项目于2015年5月开始动工，2017年11月竣工。项目南至中宁路，东至宁川路，北至规划中的南郑路，西至真如港。项目获得“上海市明星工地”以及“第十届上海市优秀保障房”等荣誉。2017年9月30日，真如港（红旗村段）综合整治全面完成。总长约965米的河道两岸，建设了两个扇形亲水平台、两个景观廊架、两个景观亭、两个总面

◎ 申兴华庭实景图

积达 150 多平方米的木质栈道，铺设长达 1500 多米长的人行步道，打造具有人文情怀、拥抱自然兼具“海绵功能”的活动区域。6700 多平方米的地上绿化和 1300 多平方米的水生植物形成立体式的“城市绿肺”。2018 年 5 月 25 日，随着最后一条架空线的割接完成，横贯红旗村地块的两条 220 千伏超高压架空线搬迁工程顺利完成，为地块的后续开发、区域的转型发展腾出了宝贵的空间。

62 铜川路水产市场关闭

◎ 铜川路水产市场关闭

2016年11月1日0点，上海最大的海鲜、水产品批发市场铜川路水产市场正式关闭并停止经营。

铜川路水产市场位于兰溪路至曹杨路间的铜川路两侧，是上海最大的海鲜、水产品批发市场。市场占地约206亩，总摊位2400多个，涉及就业人员2.5万余人。自1996年开办以来，铜川路水产市场对拉动周边经济，特别是保障市民供应作出了应有的贡献。但市场大部分位于高压线下，并伴有大量违法建筑，环境脏乱差，消防安全隐患一直处于高位，被列为2016年上海市委“补好短板”重点地区之一。

铜川路水产市场关闭工作于2016年4月11日正式启动。为确保上海市场的水产品正常供应，普陀区政府主动与市商务委、市水产行业协会对接协调，掌握全市重点水产市场布局和实际经营情况，协调举行“上海市重点水产市场赴铜川路水产市场招商对接会”，组织各重点水产市场现场设常驻招商办公室，方便经营户与江杨板块、东方国际、凌海国际、横沙渔港等重点水产市场进行面对面沟通对接。市场管理方简化一系列租金决算手续，为商户退租开辟“绿色通道”。

2016年10月31日是市场经营的最后一天，铜川路两旁商铺门前拉起了绿色网格布，筑起了围墙，众多商户陆续搬离。经营了20年的铜川路水产市场在夜幕中拉上了帷幕。

光彩市场关闭

链接一

2017年4月30日，光彩市场正式关闭，这个有着近20年历史的商贸市场退出了历史舞台。

建于1998年的光彩市场位于真北路2653号，中环线西侧、桃浦路北侧，主要经营五金、日用百货、日用小商品、文化体育用品、家用电器、建筑装潢材料、家具、塑料制品等商品批发及零售。市场占地面积4.4万平方米，建筑面积为5.9万平方米，内部建有宿舍楼、仓库、停车场等配套设施。光彩市场自开业以来，便吸引了源源不断的客源，庞大的货储基数与相对便利的地理位置使这里成为远近闻名的商贸集散地，但也存

◎ 光彩市场关闭

在着消防安全隐患、环境脏乱差等问题，严重影响着普陀区和长征镇的城市发展。根据上海市提出的“五违四必”整治工作要求，普陀区于 2017 年 4 月 30 日对光彩市场实施停业关闭。

链接二

曹家渡花鸟市场关闭

位于普陀、静安、长宁三区交界处的曹家渡花鸟市场，曾是上海市内环以内最大的鲜花、绢花批发零售市场。市场占地面积 1.46 万平方米，共有 5 栋厂房，建筑面积 4.22 万平方米。2006 年正式开业，因其地理位置优越、商品价廉物美广受市民欢迎。但市场内部环境脏乱、消防安全隐患、噪音扰民严重、周边交通拥堵等诸多问题，引发周边居民投诉不断。

2017 年，普陀区把曹家渡花鸟市场作为当年“五违四必”区级生态环境治理重点区块之一，启动市场整治关闭工作。经过耐心细

◎ 曹家渡花鸟市场关闭

致的工作，市场于当年 12 月 26 日上午 9 点顺利关闭。整个关闭过程，做到了无一户延期签约、无一例上访事件、无一起安全事故。整治后的这一区域将迎来华丽转身，引入电竞等文化娱乐项目，成为聚集时尚元素的活力街区。

63 上海科技金融产业集聚区揭牌

◎ 上海科技金融产业集聚区

2017年12月9日，在长风科技金融论坛暨“深化金融创新，服务实体经济”论坛上，上海科技金融产业集聚区揭牌成立。集聚区以长风生态商务区为核心，向西拓展、向北融合、向东引进，重塑其外延与内涵。集聚区东至曹杨路，西到真光路祁连山南路，南临苏州河，北至京沪高速武宁路，占地面积13.4平方公里，实现区域一体化联动发展。

集聚区着力构建“双轴驱动、两带引擎、四园联动、多片融合”的功能结构。“双轴”，是指金沙江路创新功能集聚轴和苏州河滨水文化集聚轴；“两带”，是指由真北路和大渡河路两条商贸带构成的商贸、休闲、旅游、购物功能融合；“四园”，包括科技金融产业园、国际教育科技园、互联网+产业园、智能科技产业园等四个产业园区；“多片”，则以绿廊生态体系为链，串联融合区域各个功能板块。

四大产业园区正在着力推进“组团共融”：通过优化产业发展结构，分时序腾挪转型空间，预留未来发展弹性。长风生态商务区作为科技金融核心区，明确产业功能构成并引进专业核心技术人才，增配文化、体育、休闲类的公共服务设施，满足商务区内部的功能融合。国际教育科技园作为高端智力策源地，由大学研究机构与园区内关键创新主体、企业与部门组建集资源、服务、信息、孵化、培训、咨询为一体的全方位创新创业服务平台。新曹杨高新技术园区作为互联网+文创集聚区，依托科技金融服务平台，积极引进软件和信息服务、文化创意类产业。长征工业区作为园区转型发展和弹性预留重点地区，分时序逐步腾退低效产业用地，为后续主体功能发展争取空间。

链接一

上海普陀并购金融集聚区

2014年4月28日，“上海普陀并购金融集聚区”揭牌暨“上普并购指数”发布仪式在长风生态商务区举行。长风生态商务区管委会与相关企业签署入驻普陀并购金融集聚区战略合作协议。上海普陀并购金融集聚区，是普陀区借力上海自贸试验区改革“东风”，按照“可复制、可推广”的原则和区县大胆创新金融服务业推动转型发展的探索。并购金融集聚区以上海联合产权交易所为平台，汇聚了并购交易基金1000多家会员单位，工商银行、建设银

◎ "上海普陀并购金融集聚区"揭牌暨"上普并购指数"发布仪式

行、浦发银行等近 10 家银行以及大批 PE、VC 基金。并购金融集聚区的建立，打通了国际、国内两个市场的并购交易金融服务平台。就在并购金融集聚区挂牌当年，东渡国际通过跨境并购，以 1640 万美元成功并购美国底特律三栋地标性建筑。并购金融集聚区制定了支持科创的 28 条政策，从资金、服务、平台等多方面破解科创企业发展"瓶颈"。"饿了么"网上订餐平台 F 轮成功融资超过 10 亿美元，易销科技、帝联信息等成功登陆新三板，集聚区有力服务"四新"经济的发展。

链接二

上海跨国采购会展中心

2014 年 11 月，上海跨国采购会展中心正式投入运营。该中心位于上海科技金融产业集聚区光复西路 2739 号，东傍长风公园，南临苏州河，与虹桥开发区隔河相望，是一座集商务办公、会议、展览、餐饮等多功能于一体的现代化、国际化的会展商务中心。中心占地面积 38364.50 平方米，建筑总面积为 134864.57 平方米，包括会展中心、两幢甲级写字楼和配套商

◎ 上海跨国采购会展中心

业，地下车位 850 个。主体建筑外形酷似绽放的贝壳，体现“绽贝迎珠、天人和谐”的设计理念，是苏州河北岸的标志性建筑。会展中心可举办各类高端会议、展览和活动，每年举办“跨国采购大会”“互联网电影节”等具有影响力的大型活动。2018 年，会展中心累计接待海内外各类展览、会议和活动的人数达 367729 人次。两幢甲级办公楼，总面积 51025.22 平方米，其中裙房部分商业配套 3548.33 平方米。办公楼凭借优越的地理位置、优质的物业品质、先进的智能化系统和绿色环保建筑系统等优势，成为众多与跨国采购相关联的大型企业的入驻地。

链接三 近铁城市广场

2014 年 11 月 18 日，近铁城市广场开业。近铁城市广场位于普陀区金沙江路、真北路路口，紧邻中环线快速通道，处于上海科技金融产业集聚区和市级商圈“中环 CBD”的交叉点。近铁城市广场主体建筑共有南北两幢，外形犹如两艘航行中的巨轮，外立面犹如错落有致的白色音阶，具有强烈的现代简约风格，是集购物中心与 5A 甲级写字楼于一体的地铁上盖城市综合体，是普陀区具有代表性

© 近铁城市广场

的标志性建筑物。近铁城市广场总建筑面积14.95万平方米，其中商业7.99万平方米，办公楼4.31万平方米。购物中心部分，以丰富的体验式消费为特色，融合互联网技术，以移动互联营销和大数据分析为支撑，成为体现健康生活、体验消费、精致时尚、出行便捷的都市生活中心。2015年4月，全国首家在购物中心内的电子竞技馆落户。中国最大的网络送餐平台“饿了么”总部、全球最大的香辛料生产商之一“味好美”等知名企业入驻近铁城市广场写字楼。近铁城市广场已成为普陀区重要的商业办公重地。

链接四

互联网电影系列活动

2015年6月17日，上海国际电影节首届“互联网电影系列活动”在长风生态商务区上海跨国采购会展中心隆重举行，开启了电影产业与互联网跨界融合发展的新时代，也为普陀区建设“金沙江路互联网影视产业集聚带”搭建了一个创新、开放、融合的平台。自2012年起，普陀区连续三年承办了上海国际电影节的节中节“手机电影节”。2015年变身为“互联

◎ 2015 年 6 月 17 日，首届“互联网电影系列活动”举行

网电影系列活动”后，形成了互联网电影展映、“互联网 + 电影”产业投资跨界峰会、“互联网电影上海高峰会”以及“互联网电影之夜”等四大活动板块，并发布了《“互联网 + 电影”趋势研究报告》。2018 年，该活动全面升级为“2018 年上海国际电影电视节互联网影视峰会”。互联网电影系列活动每年 6 月上海国际电影节期间固定在普陀区举行，并成为互联网电影产业展示、研讨、交流、融资、发布、宣传的多功能平台。普陀区抓住互联网电影系列活动的机遇，于 2015 年出台了《促进互联网影视产业发展政策（试行）》，吸引了阿里影业、联瑞影业、淘票票、苏宁传媒等一大批内容创作、后期制作、渠道发行、人才孵化的优质资源和机构集聚。“金沙江路互联网影视产业集聚带”被列入《上海市文化创意产业发展三年行动计划（2016—2018）》市级重点项目及纳入上海打造“1+3+X”影视产业格局。

64 长征镇新城片区综合管理服务中心启用

◎ 长征镇新城片区综合管理服务中心

2018年3月25日，位于真光路798弄21号的长征镇新城片区综合管理服务中心启用，吸引了众多社区居民前来参观体验。

新城片区综合管理服务中心是按照普陀区网格化综合管理服务片区（中心）建设要求规划建设并启用的全区首家集管理、服务和社区治理于一体的片区中心，服务区域涵盖东旺、祥和家园、祥和名邸、真源、象源丽都、花苑、运旺、万豪、金沙雅苑等九个居民区及周边企业楼宇，形成“15分钟社区综合管理服务圈”。新城片区中心共两层，建筑面积达1820平方米。在结构规划上，注重空间和功能的有效融合，取消办公区，除长者照护、医疗卫生、网格管理三个区域外，其他功能区域均通过服务菜单和预约使用方式实现功能多样化和服务对象全覆盖；在功能设置上，兼具党群服务、医疗服务、助餐助浴、长者照护、老人日托、社区托小、便民维修、法律维权、文体休闲、健身康复等10余项服务内容；在运营方式上，整合政府、社会组织和各类社区服务资源，引入社会力量提供专业服务，组织居民区志愿者参与运营秩序维护，通过区域化党建项目让社区居民和驻区单位参与社区治理。同时，城管、市容、社会保障等多个和群众生活密切相关的政府部门和工作力量下沉到中心，以“邻聚·里”的公共空间提供零距离“一站式”服务。

按照普陀区一期规划，2019年全区将全面完成25个“同心家园”零距离网格化综合管理服务片区（中心）建设，有效解决社区服务供给“资源散、空间小、内容少、距离远”的问题，形成“百姓公共会客厅”式的服务网络。

实施网格化片区管理，推动城区精细化管理

链接

2017年10月，普陀区城管、绿化市容、房管、市场监管等4支城市管理力量下沉到全区10个街道镇25个网格片区，与辖区公安派出所社区民警一起，对片区实施全覆盖、全过程、全天候管理。这是普陀区委、区政府贯彻落实习近平总书记关于“上海要继续探索，走出一条中国特色超大城市管理新路子”的指示精神和《市委、市政府关于加强本市城市管理精细化工作的实施意见》的一项探索。普陀区按照全区人口分布和地域特点，结合公共管理、公共安全、公共服务的实际需求，依照

◎“4+1”下沉队伍在街面巡逻、处置问题

“15 分钟社区综合管理服务圈”要求，将全区 10 个街道镇每个因地制宜地划分成 2 到 3 个网格化管理片区，“4+1”管理力量下沉到各个片区，形成多元化、综合性联合巡查队伍，对涉及区域内脏乱差现象、无证无照经营、各类安全隐患等问题管理、执法及作业，及时处置智联普陀、网格化案件、12345 和 12319 热线投诉以及有关部门交办的相关事项，用法治化、社会化、网格化、智能化、标准化的手段，使城市管理中的问题能做到第一时间发现、第一时间处置，群众急难愁问题能得到及时回应和解决，打磨城市精细化管理的“绣花针”，切实增强群众的获得感和满意度。

65 普陀区全面启动旧住房成套改造工作

◎ 曹杨五村（南岭园）合用户改造

普陀区老旧小区多，非成套住房数量大。改善群众居住环境，提升群众生活质量，已成为一项重大民生工程。2018 年，普陀区委、区政府在充分调研基础上，以城市更新为抓手，将旧住房成套改造确定为全区重点工作。4 月 20 日，普陀区召开全区成套改造现场会，明确了旧住房成套改造“三年启动，六年完成”的总体目标要求。

截至 2018 年初，普陀区非成套旧住房约 55.5 万平方米，涉及 40 个居住小区、约 1.6 万户居民。为加快推进改造工程，普陀区制定了《旧住房成套改造工作规程》，明确：通过内部分隔、抽户、加层、贴扩建、结构性大修等方式，坚持“非征收、非解困”“可改、愿改，则尽改、快改”“成熟一幢，推进一幢”的原则，规模化推进全区旧住房成套改造，完善老旧住房厨卫使用功能，让老旧小区旧而整洁、旧而提质、旧而有序，提高群众居住品质。同时，建立“区—街镇—基地”三级管理体制，抽调干部骨干组建专办，制定工作指引、抽户安置办法、群众工作经费办法、签约主体确认程序等一系列成套改造管理制度，充分发挥基层党建对成套改造工作的引领、支撑和推动作用，因地制宜优化、完善改造设计方案，多部门形成合力再造重塑“并联”式工作流程，全力推进各项工作的开展。

2018 年工程启动当年，5 个居民小区 8 幢楼实现了工程开工，完成了 251 个楼幢的居民意愿征询。大规模旧住房成套改造工作全面启动。

合阳小区的美丽蜕变

链接

普陀区甘泉街道合阳小区位于延长西路 200 弄、220 弄，建筑面积约为 7.5 万平方米，总户数为 1284 户，属售后公房和商品房混合型小区。小区建成于 20 世纪 80 年代，公共设施老旧、路面坑洼、绿化杂乱、山墙涂料脱落、屋顶隔热层老化、顶楼住户家中漏水、因停车位紧缺导致居民车辆占用生命通道和消防通道等问题突出，群众要求进行小区综合修缮改造的呼声强烈。

2016 年，普陀区积极回应群众期盼，结合“五违四必”整治和“无违建居村”创建工作，全面启动小区住房屋面及相关设施改造和雨污水混接改造等惠民实事工程。为避免多次开挖，叠加实施小区

◎ 改造后的合阳小区

绿化调整、出入口改造等环境整治工程。

在多方共同努力下，2017 年合阳小区综合修缮工程全部完成，平改坡、小广场改造、雨污水混接改造、外立面和楼道粉刷、道路整修、绿化补种、健身步道建设、充电桩安装等 9 个惠民“亮点工程”，让小区实现了“戴新帽，穿新衣”，服务功能配套，小区“颜值”提升，极大地提高了居民群众的获得感和满意度。

66 普陀区推出“才聚普陀”计划

◎“才聚普陀”计划发布

2018年5月4日，“才聚普陀”计划在普陀区高层次人才座谈会上正式发布。

当踏入新时代的新征程后，普陀区“人才强区”战略显得尤为重要，普陀对卓越人才的渴求前所未有，引才聚才的危机感和紧迫感前所未有，以高层次人才引领高质量发展的机遇也前所未有。“才聚普陀”计划聚焦政策、平台、服务，出台三个方面七项举措，构成“1+3+3”人才工作系统工程。在政策引才方面，推出“一套政策”，对接“3+5+X”产业布局出台《普陀区促进创新创业人才发展实施意见》，对引进和培育国内外顶尖人才，给予一次性最高500万元的奖励。在载体聚才方面，搭建“三大平台”，聚焦“双创”人才、行业领军人才和科创人才，打造“TOP3”众创空间，举办互联网影视峰会、长风金融科技论坛等高端论坛活动，推进工业控制安全创新服务平台、机器人研发与转化功能型平台等重点项目建设。在服务安才方面，拿出“三个一”举措，构建“区人才服务中心—重点地区人才服务部—楼宇、园区、人才公寓人才服务站点”三级联动的“人才服务网”，送出一张张订制版“人才优享卡”，做强线上与线下相结合的“人才服务团”。“才聚普陀”计划极大地提高了普陀区人才聚集能力，营造了近悦远来的人才发展环境，助力了普陀区人才高峰建设。

链接一　普陀「人才优享卡」

2018年5月4日，在普陀区高层次人才座谈会上，向首批103名区高层次人才发放“人才优享卡”。“人才优享卡”是“才聚普陀”计划的重要举措，通过“一对一”专属管家，为高层次人才提供精准服务，用优质服务留住人才。“人才优享卡”服务模式具有四个特点：一是管家式，每张“优享卡”的背后，都有一名专属“人才管家”，人才有需求直接找“管家”。二是菜单式，“优享卡”整合了区内优质服务资源，集教育、健康、科创、文化于一体，以菜单方式展现入园（入学）指导、学业生涯指导、就医绿色通道、健康体检、科技创新、影剧艺术赏析等12项专属服务。三是组团式，根据人才的个性化需求，协调多部门形成服务联动，由职能部门制定解决方案，提供组团式服务。四是智能式，开通电子卡和“人才优享卡”微信公众号，人才可以随时随地查阅服务菜单及

◎ 人才优享卡

服务使用情况，有效地将线上需求和线下服务结合起来。2019 年，进一步扩大服务范围，增发“人才优享卡”34 张。

链接二

普陀区开展人才服务站实体化建设试点

在近悦远来的人才发展环境构建过程中，如何开展服务，成为营造过程中的重中之重。将冷冰冰的纸面政策，落实成热忱忱的服务实效，普陀区选择了服务“实体化”这一方式。作为三级联动“人才服务网络”中的“神经末梢”，人才服务站建设伊始，就明确了“以精准化服务为重点，以人才引领为导向，以标准化建设为抓手，打通人才服务‘最后一公里’，实现服务零距离”的发展方向，在人才集聚度较高的馨越公寓、天地软件园、麦腾创业天地等地，试点建设服务站，为当地人才提供服务。白领青年、创业新秀、科技精英……不同职业的人才再

◎ 麦腾创业天地人才服务站——麦芽堂

也不用担心无法享受到政策的红利，而是在“家门口”就能参与落户咨询、政策指导、医疗体检、大咖讲座等由站点提供的各种服务活动。试点工作开展以来，已有近千人次的人才在站点接受了服务体验。

67 普陀区成立武宁创新发展轴理事会

◎ 2018 年 9 月 14 日，普陀武宁创新发展轴理事会成立

2018 年 9 月 14 日，普陀武宁创新发展轴理事会成立大会召开，普陀区政府与华东师范大学签订了共建国际教育科技园合作意向书。理事会的成立，标志着武宁创新发展轴区域信息互通、资源整合、项目协作、成果共享的交流合作长效机制正式建立。

2018 年 6 月，普陀区制定出台了《武宁创新发展轴五年行动计划》，提出要进一步开发建设武宁创新发展轴，加快提升创新要素集聚能力、科技成果转化能力和创新经济发展能力。武宁创新发展轴理事会，是普陀区推进科创转型发展和武宁创新发展轴建设的一个重要平台。

理事会成员从政府部门、高校和科研院所、科技载体和企业、行业协会以及其他方面协商产生。作为非常设、非法人机构，理事会以“开放、智慧、引领、凝聚”为理念，进一步放大武宁路沿线 19 家科研院所、48 家功能平台、215 家高新技术企业的资源优势，集聚更多一流研发机构、科技企业和创新创业团队，形成充满活力的创新创业生态系统。

理事会着力加快工业控制安全创新服务平台、机器人产业技术服务平台等重点研发与转化功能型平台建设，加速企业集聚和成果转化；深化与同济大学、华东师范大学、上海电器科学研究所、50 所等科研院校合作，聚焦机器人、磁浮、生物医药、5G 通信等“高、精、尖、专”领域，促进相关产业集聚发展；深化张江普陀园建设，推进上海智能制造及机器人产业园建设，推动天地软件园、华大科技园、武宁科技园等园区集聚高端要素资源，集群发展科创等优势产业。

链接一

国家机器人检测与评定中心

国家机器人检测与评定中心于 2015 年 3 月成立。中心由一个总部、三个分中心和两个公共服务平台组成。上海电器科学研究所（集团）有限公司为总部承建单位。作为国家和科研院所共建的第三方服务机构，中心具备标准制修订、检测、认证、培训、信息服务、国际交流合作六大职能。中心已获得多项授权及授牌，并牵头制定多项标准及细则。检测方面，完成整机和关键零部件测试试验能力建设，测试能力获 CNAS 授权认可，并获认监委“国家机器人产品质量监督检验中心”资质认

◎ 国家机器人检测与评定中心于 2015 年 3 月成立

定授权证书。认证方面，以联盟形式开展“中国机器人认证（CR）”相关工作，牵头制定工业机器人、服务机器人、无人机、AGV 等相关产品认证实施规则。标准方面，牵头制定《国家机器人标准体系建设指南》，目前已牵头制定机器人国家标准 14 项。培训方面，获批上海市人社局“机器人高技能人才培养基地”授牌，获批上海市经信委“上海市‘四新’经济人才实训基地”，获得上海市职业技能鉴定中心签发的上海上电科职业技能鉴定所资质。

链接二

上海工业控制系统安全创新功能型平台

2018 年 3 月 26 日，上海工业控制系统安全创新功能型平台落户普陀。工控平台是上海市政府推动建设的首批 18 个研发与转化功能型平台之一，是上海建设具有全球影响力的科创中心的重要举措，是支撑科创中心“四梁八柱”的重要内容，也是国内率先提出并启动建设的工控安全领域专业性平台。平台运营实体单位上海工业控制安全创新科技有限公司由上海临港经济发展集团资产管理有限公司、上海普陀科技投资有限公司、

◎ 2018 年 3 月 26 日，上海工业控制系统安全创新功能型平台正式落地普陀

上海工业自动化仪表研究院有限公司、上海华东师范大学资产经营有限公司共同投资设立，聘请了中科院何积丰院士等 29 位专家担任战略专家委员会成员。平台旨在通过发挥上海和长三角地区工业控制产业链优势，面向轨道交通、汽车电子、航空航天等重点领域，以工控安全技术为引领，连接政府、产业上下游企业、科研院校、社会资本等相关主体，打造技术创新和产业生态服务平台。

68 上海市首家区级“城市大脑”：“智联普陀”

◎ 全市首家区级“城市大脑”：“智联普陀”

2018年9月30日，“智联普陀”平台正式上线运行，这是全市首家区级“城市大脑”。“智联普陀”平台是普陀区委、区政府运用“互联网+”和物联网系统等新兴科技手段，提升城区科学化、精细化、智能化管理水平，构建城市管理新模式的探索。

2017年，普陀区委、区政府贯彻落实习近平总书记关于“城市管理应该像绣花一样精细”的重要讲话精神，聚焦公共安全、公共管理、公共服务，将“雪亮工程”“智慧公安”和社区楼宇智能安防建设纳入整体规划，启动区级“城市大脑”项目建设。第一期建设完成了超过11万个传感器的铺设，接入2000多个公安街面视频资源，形成了覆盖全区10个街道镇55.5平方公里城市道路、商务楼宇和住宅小区，涵盖公安、消防、民防、市场监督、河道、建管、民政、绿容等10多个专业条线，覆盖消防安全、电梯运行监测、居家养老、垃圾处置、水质监测等46类的“神经末梢”。同时，构建起包括区级、街镇和委办、片区在内的三级平台，形成34种可操作的智能感知应用设施的响应流程，将事件处置功能进一步延伸至社区的四级应用体系，使问题上传、交办、反馈形成一个闭环运行系统，破解城市管理中发现难、取证难、管理难等各类问题。通过“城市大脑”平台，持续推进城管、绿化市容、房管、市场监管和公安“4+1”执法力量在片区的深度融合，推动城市管理从被动应付向主动发现转变，把问题解决在群众开口之前，持续打磨城市精细化管理的“绣花针”。

链接

音乐广场「智慧社区」建设

2018年3月14日，长寿路街道召开“美丽家园”建设推进大会，音乐广场居民区业委会提出了建设“智慧社区”的设想。江宁路1220弄音乐广场小区是一个2003年建成的新商品房小区，共有10栋楼671户业主。随着业主对生活品质要求的提高，小区现有配套设施和管理体系亟待提升。针对居民提出的需求，长寿路街道在多轮听取居民意见，与业委会、物业服务企业、工程建设单位反复研究的基础上，提出了资金配比和建设施工方案，提交小区业主大会表决。根据方案，小区业主

◎ 音乐广场“智慧社区”系统调试

将动用106万元维修基金。9月11日，小区业主大会以89.2%的同意率高票通过。在各方努力下，小区“智慧社区”建设工程于12月通过竣工验收。音乐广场“智慧社区”平台设置了“8+1”模块系统，包括机动车进出自动识别收费系统、非机动车进出自动感应系统、电子围栏报警系统、人脸抓拍视频监控系统、人脸识别等门禁开门系统、可视对讲门禁系统、公共设施报警系统，以及居民家庭煤气泄漏报警、智能烟感和老人腕表监测报警等系统，形成汇集上述所有信息的小区智能管理平台。平台接入“智联普陀城市大脑”和公安部门系统。音乐广场小区“智慧社区”项目，是普陀区首个通过自治方式、动用维修基金进行建设的项目，为城市精细化管理“神经末梢”延伸至住宅小区提供了有益的探索。

69 从红旗村到“真如境”的华丽蜕变

◎ 红旗村“城中村”改造项目“真如境”效果图

2018年10月11日，红旗村项目四个地块实现公开出让，中海地产和中环集团、长征镇联合体以93.9936亿元成为开发建设方。四个地块的成功拍出，代表着上海中心城区规模最大的“城中村”改造项目进入建设阶段，同时，也预示着作为上海市四个城市副中心之一的真如副中心建设进入了新阶段。

红旗村项目位于真如副中心核心区，7号、11号、14号、15号线四条轨交线路环绕，占地面积超14万平方米，规划地上建筑面积逾60万平方米，地下建筑面积逾20万平方米，总建筑面积高达80万平方米，将建成集顶级商业中心、超高层商务写字楼、大型公共文娱设施、高端住宅和地下联动开发空间五大业态于一体的“巨无霸”综合体上海新地标——中海·真如境。

真如古镇历史久远，文脉悠长，红旗村项目建设如何传承区域历史文脉，成为百万方综合体规划设计最大的挑战。普陀区、真如副中心及相关政府部门始终对项目的开发建设予以高度关注和大力支持，中海地产也邀请AS+GG、JERDE、PAPC和SOM等四家国际顶级设计团队参与项目规划设计方案招标，以期打造成上海新地标。根据规划，未来的“真如境”项目将由超甲级写字楼——中海中心、顶级商业中心——中海环宇中心、高端住宅——中海·臻如府、人文地标——中海大剧院等构成，形成业态复合的多功能TOD城市综合体。

链接一 「高·尚领域」项目

2009年4月22日，长江实业集团“高·尚领域”项目正式开工建设。项目位于真如副中心A3-A6地块，规划总用地面积19.7公顷，总开发面积达117万平方米，其中地上总建筑面积72万平方米，地下45万平方米。作为长江实业在上海投资百亿元建设的超大型城市综合体，“高·尚领域”项目集高级住宅“领寓”、旗舰商场“Love@大都会”、星级酒店及甲级写字楼功能于一体，涵盖购物休闲、时尚优活、金融服务及文化艺术四大生活领域。“高·尚领域”起点高、体量大、辐射力强，将为百年真如带来国际气息，为真如副中心带来崭新气

◎ 长江实业“高·尚领域”开工建设

象，并将成为普陀乃至上海未来的一个时尚新地标。

链接二

上海西站综合交通枢纽

2014年12月31日，上海西站综合交通枢纽全面建成并正式对社会开放。上海西站原名真如站，1907年沪宁铁路通车时正式启用。由于车站日益残破，上海西站综合交通枢纽工程被列入上海市“十二五”重大工程，于2009年1月8日正式动工，次年6月25日一期工程建成投运。西站枢纽工程包括地下南北通道和相关工程、上海西站改扩建相关工程、周边配套道路广场建设工程和公交枢纽建设工程等四部分，工程总建筑面积8.4万平方米。上海西站主体建筑造型简洁、明快。枢纽南侧商业广场以多层开放型空间为主，地面绿化和休闲设施为乘客提供了良好的环境。枢纽北侧充分利用土地空间，提升地区开发品质。上海西站汇集了京沪铁路、沪昆铁路、沪宁城际铁

◎ 上海西站综合交通枢纽建成投运

路以及轨道交通 11 号、15 号线和规划 20 号线等快速交通线，为进一步发挥真如副中心服务长三角的“桥头堡”作用奠定了基础。

星光耀广场

链接三

2019 年 1 月 11 日，由复星集团投资建设的上海星光耀广场正式开业。星光耀广场位于真如副中心核心区，地处潮州路以南、真华路以西、规划固川路以北、曹杨路以东区域，总占地面积约 7 万平方米，地上、地下总建筑面积约 26 万平方米。作为真如副中心重点建设的项目，上海星光耀广场以总部办公、高端商业、高尚居住区和城市配套为主要功能，打造成为满足多元化社区商业消费、符合城市副中心定位的大型城市综合体。在商务方面，星光耀广场同步全球商务发展浪潮，形成建筑面积 6300—11000 平方米的独栋办公楼和约 2000 平方米标准层的甲级办公楼用作企业总部办公；在商业方面，打造约 4.5 万平方米时尚购物中心，定位

◎ 星光耀广场 2019 年 1 月建成投运

于集购物、餐饮、娱乐、休闲、亲子为一体的“精致体验式购物中心”。星光耀广场的建成，为真如副中心地区提供了具有高星级商务体验、娱乐式消费体验、生态化居住体验的城市配套。

70 中以（上海）创新园落户桃浦智创城

◎ 雷哈韦（上海）众创空间管理有限公司等 10 家首批入驻企业和合作机构代表签约

2019年5月26日，中以（上海）创新园建设推进会暨首批合作机构签约仪式在普陀桃浦智创城举行，雷哈韦（上海）众创空间管理有限公司、以色列Startup East孵化器公司等10家首批入驻企业和合作机构代表签约，上海创新中心（以色列）公司、中以创新园（上海）有限公司、中以（上海）天使投资基金揭牌。

中以（上海）创新园是2018年10月中以两国签署的《中以创新合作行动计划（2018—2021）》中的重要内容。当年11月5日，上海市政府与以色列科技部签署了关于开展科技合作的备忘录。创新园将根据上海未来产业和空间发展布局，以桃浦智创城及周边区域为核心空间主体，联动和发挥全市资源优势，形成科学研究、技术研发和产业化层次分明、相互衔接的创新生态和空间布局。

2019年，普陀区联合上海市科委加快落实创新园建设各项任务，共同制定了《中以（上海）创新园建设方案》和《中以（上海）创新园行动方案（2019—2021）》，提出按照“一年打基础、三年树形象、五年出效益”的总体目标，到2021年，把中以（上海）创新园打造成一站式服务、分布式运营、联动式发展的创新园。普陀区设立中以（上海）创新园管理委员会，组建园区专家委员会，首批中以双方专家共11人。同时，桃浦智创城等单位共同在以色列设立了上海创新中心，华东师范大学与海法大学在上海共同建立了“上海—海法国际研究中心”和“转化科学与技术联合研究院”。位于祁连山路127号英雄金笔厂旧址的“英雄天地”选点为创新园一期项目载体。桃浦智创城将成为与浦东张江科学城遥相呼应的国际创新城，成为上海重要的科创新地标。

链接

2018年「第二届中以创新创业大赛上海赛区（智能制造领域）决赛」在普陀举行

为营造以色列企业来沪创新创业的氛围，挖掘中以双方创新资源优势，匹配合作需求，推动两国科技企业的务实合作，吸引优秀以色列初创团队、创业企业来中以（上海）创新园发展，2018年12月4日，“第二届中以创新创业大赛上海赛区（智能制造领域）决赛”在普陀区举行。大赛通过海选和以色列特拉维夫初赛两次筛选和淘汰，从以色列近300家报名参赛企业中遴选出28家参赛单位参加决赛。决赛阶段采

◎ 2018 年“第二届中以创新创业大赛上海赛区（智能制造领域）决赛”及中以企业对接交流会在普陀举行

取项目路演和专家评审方式，甄选出最适合落地中国的以色列创新项目。决赛现场还开展了 B2B 项目洽谈活动，中以双方约 400 家次高新技术企业、创投机构就意向合作项目进行了深入的交流研讨。普陀区与中国科学技术交流中心明确将“第三届中以创新创业大赛（总决赛）”落户上海，努力把大赛打造成优质可信赖的中以科技创新合作平台，为中以科技创新企业提供全方位、立体化的沟通环境和服务，推动中以创新合作走向共享共赢。

后　记

为庆祝中华人民共和国成立70周年、上海解放和普陀解放70周年，由中共上海市普陀区委党史研究室编写的《普陀相册：70年70个瞬间》一书，在普陀解放70周年之际，正式出版，与广大读者见面了。

本书的编写得到了中共上海市委党史研究室领导、中共普陀区委分管领导和有关专家的关心和支持，还得到了普陀区委办公室、区政协办、区委组织部、区委宣传部、区民宗办、区档案局、区发改委、区商务委、区教育局、区科委、区民政局、区司法局、区人社局、区规划资源局、区生态环境局、区建管委、区文旅局、区卫生健康委、区体育局、区绿化市容局、区房管局、区投促办、区地区办、区总工会、区工商联、区网格中心、长寿街道、曹杨街道、长风街道、宜川街道、甘泉街道、真如镇街道、长征镇、桃浦镇、西部集团、中环集团、商业集团、长风投资公司、真如副中心公司、桃浦智创城公司、普环公司、上海印钞有限公司等单位的大力协助。在此，谨表示由衷的感谢！学林出版社编辑为本书的出版付出了辛勤劳动，在此一并致谢。

由于我们水平有限，加之时间紧、跨度大，书中疏漏和不足之处，希望广大读者给予批评指正。

编　者

2019年7月

图书在版编目(CIP)数据

普陀相册:70年70个瞬间/中共上海市普陀区委党史研究室编.—上海:学林出版社,2019.10
ISBN 978-7-5486-1564-4

Ⅰ.①普… Ⅱ.①中… Ⅲ.①社会主义建设成就-普陀区-摄影集 Ⅳ.①D619.513-64

中国版本图书馆CIP数据核字(2019)第227589号

责任编辑 王婷玉
装帧设计 零创意文化

普陀相册:70年70个瞬间
中共上海市普陀区委党史研究室 编

出　　版 学林出版社
(200001 上海市福建中路193号)
发　　行 上海人民出版社发行中心
(200001 上海市福建中路193号)
印　　刷 上海雅昌艺术印刷有限公司
开　　本 720×1000 1/16
印　　张 16
字　　数 26万
版　　次 2019年10月第1版
印　　次 2019年10月第1次印刷
ISBN 978-7-5486-1564-4/K·153
定　　价 86.00元